Nov '97

Lieber Pa!

Wir waren bei der
Veranstaltung und
fanden sie klasse.
Hoffentlich gefällt Dir
das Buch auch so gut.

Cordula & [illegible]

MARTIN BUCHHOLZ

WIR SIND, WAS VOLKT

3.10.97

Martin Buchholz

Wir sind, was volkt

Vom Ur-Sprung
in der deutschen Schüssel —
ein satirisches Schizogramm

Harriet Eder Verlag Berlin

Harriet Eder Verlag, Berlin

Titelzeichnung: Rainer Hachfeld
Lektorat: Rolf Nemitz
Druck: Oktoberdruck GmbH, Berlin
Buchbindearbeiten: Lüderitz & Bauer-GmbH, Berlin

Printed in Germany
ISBN: 3-980 3227-0-X

Inhalt

Vor-Worte

Zur beschaulichen Einstimmung
eine alte Mär des deutschen Volks:
die Wahlnachtsgeschichte

Es begab sich aber zu der Zeit, daß ein Gebot ausging von dem Hohen Hause, daß das ganze Volk beschwätzet werde.

Und diese Beschwätzung war die allererste von neudeutscher Art und geschah zu der Zeit, als Helmut, der Heuchelnde, zum Herrschenden ward in allen germanischen Gauen.

Und es machte sich auf ein jeglicher an seine Wahlstatt. Denn das Volk ward gerufen an gar seltsame Schreine, versehen mit einem Schlitze.

Da hinein sollte ein jeglicher tun seine Stimme, auf daß er sie so verlöre für wohl der Jahre viere. Denn solches ist eine freie Wahl für gar viele im Volke: daß man abgebe nicht nur die eigene Stimme, sondern zugleich den eigenen Kopf.

So will es das erste Gebot der regierenden Herren: Du sollst verleihen Dein Haupt an ein Ober-Haupt! Freiwillig gebe ein jeglicher auf das eigene Haupt. Das aber nennt man die demokratische Haupt-Aufgabe.

So wisset: Das Volk ist allzumeist wie eine Herde von Schafen, die Stimme nur haben, zu blöken zum Heil ihrer Hammel, die sie denn leiten und dennoch nur sind in Schafspelz gewandete Wölfe.

Und doch gab es dereinst eine Zeit im östlichen Lande, als dorten sich etliche hatten zusammengetan, die wollten fürderhin keine Schafsköpfe sein.

Und sie wollten sich nicht mehr lammfromm scheren lassen von jenen, die sich ansonsten um den Begehr des Volkes nie scherten.

Die nun gar nicht mehr Schafsgeduldigen sprachen untereinander: »Lasset uns ziehen auf die Straßen und Plätze und die Geschichte machen, statt sie mit uns nur geschehen zu lassen.«

Dies aber geschah zu der Zeit, als die Häscher im Lande lauschten auf jedwedes Wort, auf daß ihre Herrschaft kein Ungemach treffe. Solche Sprache zu reden, forderte darum von jenen, die solcherart sprachen, allerhand Mut — nicht nur den Hel-Mut.

Dennoch breiteten sie das Wort aus. Und viele, vor die das Wort kam, wunderten sich der Rede sehr. Doch etliche taten auch also.

Denn alle wollten ziehen und streifen umher ohne der oberen Hirten Geheiß und Geleit.

Und viele wünschten sich gar grünere Auen, wo nicht schon ein großes Strahlen um sie sei aus Onkel Atoms Hütte.

Allzulang war ihnen die unfrohe Botschaft gepredigt worden von ihren tscherno-debilen Herren.

Ihr kennt sie wohl, diese Botschaft, denn östlich wie westlich predigte man den in der Wolle grün Gefärbten stets Nämliches:

»Fürchtet Euch nicht! Entsorgt Euch! Sehet, wir verkündigen Euch große GAU-di, die allem Volke widerfahren wird.«

Und es waren die üblichen Deutschen in derselben Gegend, die hüteten bei Tag und bei Nacht ihre Zunge.Und alsbald waren bei ihnen der Mächtigen Heerscharen, die waren quasi vom Stasi. Und die lobten ihren alten Herren und sprachen: »Erich, wir sind Dir heerich!«

Und zu dem anderen Völkchen, dem gar nicht mehr lammfrommen, sagten sie:

»Er ist der Herr, dein Hirte. Dir wird nichts mangeln. Und empfindest du allzugleich Mangel, so nehmen wir dich in dieselbe. Drum haltet nun Frieden, wie es den Herden des guten Hirten wohl frommet.«

Doch diese anderen riefen voll Hohn: »Das ist doch, bei Gott, die Höhe! Frieden in Herden? Das könnt Euch wohl gefallen.«

Und so geschah es, daß Erich nicht währte am längsten.

Wahrlich, ich sage Euch: Etliche Monde haben seither gewechselt, und längst sind jene, die einstens erhoben sich hatten, unerheblich geworden in neudeutsch vereinten Landen.

Und es fuhr ihnen der unheilige Schauder gar tief bis ins D-Mark. Denn wie sie es kannten, war auch dieses Mal die Wahl schon vorher entschieden — und wieder durch Ochs und durch Esel. Die nickten mechanisch wie immer nach ihrer Gewohnheit als östliches Stimmvieh, nur diesmal an westlicher Krippe.

Denn es steht geschrieben: Diesen Kanzler in seinem Lauf hält weder Ochs noch Esel auf.

Und nach jener Wahlnacht sprachen die neuen westlichen Hirten zu dem restlichen östlichen Häuflein der selbst sich Bewegenden:

»Wisset, Ihr habt Euch verwählt. Und dennoch den Anschluß erreicht, den Ihr so gar nicht wolltet. Sehet, die Mehrzahl der Schafe ist wieder einmal jenem gefolget, der am meisten belämmert sich zeigte.«

Denn jener hatte allen verkündet: »Schämet Euch nicht Eurer Hohlheit im Kopfe, so ihr mich küret. Wahrlich, ich sage Euch: Selig sind, die da geistig arm sind, denn ihrer ist das Hammelreich.«

»So gehet nun hin, und dies habt zum Zeichen: Ihr werdet finden Eure Entscheidung in einer Urne liegen — darin wird sie ruhen in Frieden.«

Also beginnt sie, die Mär, von der ich Kunde nun gebe. Ihr aber werdet sie hören und lesen, all diese Worte. Sodann bewegt still sie in Eurem Herzen.

Von Eurem Hirn ganz zu schweigen.

1.

Auf einem multikulturellen Herrenklo tritt die nationale Frage an den Autor heran

»Wenn ich Sie mal ganz persönlich etwas fragen darf, Herr Buchholz...« Der zögerliche Frager räusperte sich Mut zu, die starre Blicklosigkeit auf das Ekelweiß der Fliesenwand vor sich gerichtet, dabei sein Wasser abschlagend wie auch sein deutsches Mißbehagen. »Wenn Sie derart über unser Volk herziehen... wie vereinbaren Sie das eigentlich... nun ja, mit Ihrer nationalen Identität?«

Sprach's und ließ den Strahl versiegen. Sogleich schüttelte er sorgsam an sich herum, ging dabei in eine angedeutete Hocke, leicht in den Knien federnd, den wippenden Bürzel in die gekachelte Umwelt strekkend, um sich penibel zu enttropfen. Dann wandte er sich halbschräg mir zu — ein neu erwachter, forschender Augen-Blick, die Resozialisations-Chancen des Delinquenten abschätzend. Meine Miene wies zu diesem Zeitpunkt wohl keine angestrengte Verstocktheit aus, eher eine gewisse Entstrengung, ja Entleerung, wie sie einen erfüllt als nahezu meditativer Gemütszustand, wenn man sich gerade von einem dräuenden Druck befreit. Diese Friedlichkeit, die nicht nur in meinem Gesichte, sondern wohl für Momente auch im Raume stand, gab seinem in dem aseptischen Gewölbe bedeutungsvoll nachhallenden Bariton einen Unterton väterlicher Fürsorge. Ich spürte, da stand noch etwas im Raum. Die nationale Frage.

Mich faßte ein Ahnen, daß diese Frage sich mir stellen würde, und zwar freiwillig, obwohl ich sie mit keinem Gedanken verfolgt hatte (eher war ich der von dieser Frage Verfolgte). Ein existentielles Geheimnis drohte an, sich mir zu offenbaren. Die Ein-Weihung in ein bis dahin verborgenes Wissen stand mir bevor, eine Initiation:

»Schließlich«, mein wissendes Gegenüber zögerte wieder, zweifelnd, ob ich es auch wert sei, dies zu erfahren, um es dann doch auszusprechen:

»Schließlich — irgendwo sind Sie selber doch auch ein Deutscher!«

Mit diesen Worten zog er sich entschlossenen Rucks den Reißverschluß hoch und entschritt — mich sprachlos hinterlassend nach diesem Donnerschlag der Verkündung.

Zugegeben: Eine deutsche Geschichtsschreibung ausgerechnet auf einer Herrentoilette beginnen zu lassen, scheint ruchlos (oder eben gerade nicht); doch das Schicksal sucht sich zuweilen die seltsamsten stillen Örtchen, um von dort aus seinen Lauf zu nehmen. Der Ort dieser Vorverhandlung unserer nationalen Angelegenheit war zudem ein quasi-italienischer, wenn auch auf deutschem Boden: das Männerklo im »Ristorante Il Contadino« in Berlin-Wilmersdorf. (Des Ordnungsamtes halber sei hinzugefügt, daß dieser Italiener von einer palästinensischen Bruderschaft betrieben wird, deren anfänglicher Terror gegen Tagliatelle und Spaghetti sich mittlerweile abgemildert hat zu einer halbwegs friedlichen kulinarischen Koexistenz von Pilaw und Pizza.)

Um die multikulturelle Verwirrung auf die Spitze zu treiben: Das Schicksal, das dort auf dem Herren-WC auf mich eindeutschte, trat in der Gestalt eines Bonner CSU-Abgeordneten ans Pinkelbecken sowie an mich heran.

An jenem Abend hatte mir die Vorsehung eine ganze Mannschaft von christsozialen

Deutschmeistern ins Berliner Haus gebracht, ins benachbarte Theater, wo ich immer mal wieder auf den Brettern zugange bin. (Genauer: mit den Brettern, die man gerne als Modeschmuck vorm Bregen trägt — in genügsamer Beschränkung des eigenen Horizonts: Bretter, die mein Geld bedeuten.)

Bei einem meiner abendlichen Entholzungs-Versuche waren nun jene bayrischen Ausflügler im Publikum zugegen. Der Hotel-Portier hatte sie wohl falsch beschieden, als sie einen anstrengenden Berliner Reichstag mit einem amüsanten Abend aufheitern wollten.

Auch wenn sie sich ein anderes, sprich: »richtiges Brettl« vorgestellt hatten — so blieben sie dennoch mit ihrer richtigen Vorstellung in meiner falschen bis zum Schluß sitzen, denn vor dem altbösen Feind, auch wenn er unerwartet auftritt, gibt es kein Zurück.

Hinterher fingen mich ein paar von den Bonner Freistaatlern im Foyer ab, um mich dortselbst zur Rede zu stellen ob meiner Schmähworte. Da ich gerade zwei Stunden Redezeit hinter mich gebracht hatte, erkrächzte ich mir zunächst mit verkrusteten Stimmbändern ein Gnadenbier, was man mir großmütig gewährte.

So zog ich mit den abgeordneten Herren um die Ecke zum Italiener (alle dortigen Jussufs und Jamils und Jassirs verschweigend). Ich war einigermaßen neugierig auf das Verhör nach der Anhörung, doch es fiel enttäuschend lahm aus. Der Dortmunder Biere flossen allzuschnell allzuviele, der Streit war über taktische Anfangs-Scharmützel hinaus nicht gediehen — und zwei, drei der schwarzen Weiß-Blauen changierten langsam, aber unsicher in ihre letzte Farbnuance (zumal sie offenbar schon einen vorabendlichen Getränke-Vorsprung hatten).

Um mich aus der Gefahrenzone einer drohenden Verbrüderung zu begeben, trat ich den vorsichtigen Rückzug an, meine Blase vorschützend — also zunächst mal aufs WC.

Einer der CSU-Parlamentarier aber war mir gefolgt. Keiner von jenen, die da des herben Bieres voll waren und mittlerweile jenes Bild boten, das man sich allgemein von ihnen macht: rosafarbene, feistnakkige Bundes-Wirtshaus-Hinterbänkler, getreulich bis zum Umfallen den Kampfauftrag ihrer Partei-Oberen erfüllend, die Lufthoheit über den Stammtischen zurückzuerobern, im unermüdlichen Einsatz als abgeordnete Tiefflieger, beflügelt vom Geiste ihres Franz Josef unselig.

Nein, der mir zum Austreten nachtrat, war einer jener spätjugendlichen Frühfünfziger, slimgejoggt, fitgetrimmt, bodygebuildet. Einer aus dem Manager-Stamme der vielen blassen Smarties. Sie kennen sie vom allabendlichen Wegsehen: gespenstische TV-Erscheinungen, moderne Medien-Monster, Telegen-Manipulationen mit der zwinkerfreien Geradeaus-Pupille für den garantiert offenen Blick in jede Kamera, einheitlich gestylte marktwirtschaftliche Leistungsmodelle im Hominiden-Look, denen gnadenlose Visagisten ein beliebiges Imätsch über den Kragen geknetet haben zum Verkauf der jeweiligen Messitsch — und ihren Super-Light-Brain chip-gesteuert durch die Software »Personality & Credibility«. Hinter der sportiv angebräunten Solariums-Stirne flackert permanent ein Kraftfeld mit der Dauer-Ausstrahlung: »Sie haben es hier mit einer dynamischen Führungspersönlichkeit zu tun.« Die tägliche Lächel-Laber-Nonfiction-Show. Selbst ein Frankenstein würde vor Gruseln aus allen Nähten platzen.

Doch geht zuweilen eine sehr seltsame Verwandlung mit einem solchen Horror-Klon aus dem Public-Relations-Labor vor sich, wenn er hinter einer Klotür verschwindet, wenn also die scheinbar geschlechtslose Polit-Barbie-Puppe sozusagen die MetamorpHose herunterläßt.

Zurückgeworfen auf die kreatürliche Notdurft, bröckelt die aus dem Haarspray herausgemeißelte Maske plötzlich von den medialen Abziehbildern ab. Hier darf er sicher sein, daß nirgends eine Kamera auf ihn lauert, um ihn unvermutet mit nacktem Antlitz zu erwischen. So zeigt sich der Polit-Zombie in seinem doch möglicherweise menschlichen Ursprung. Bei der alltäglichen Erfahrung, sich selbst etwas abschlagen zu müssen, bei dem Erlebnis einer ganz natürlichen Überflüssigkeit zerfließen seine Gesichtszüge zuweilen bis hin zu einer individuellen Erkennbarkeit. Fürwahr: »Hier bin ich Mensch, hier kann ich's sein.«

Diesen Wandel durch Annäherung an ein Pissoir erlebte ich einmal mehr bei jenem kurzfristig Mensch gewordenen CSU-Macher, mit dem ich da in preußisch-bajuwarischer Eintracht das verrichtete, was man früher ein kleines Geschäft nannte. Die deckungsgleiche Bedürfnislage schafft eine seltsame urinale Union:

Vor den Pinkelbecken wird Einigkeit gestiftet. Hier stehen deutsche Männer zusammen, Seit an Seit, in Reih und Glied. So unterschiedlichen Standes oder Standortes sie ansonsten auch sein mögen, in dieser prostatischen Allianz sind sie alle Vorsteher.

An nämlichem Orte geschah es, daß ein Fremder aus dem fernen Bayern mir kundtat — von Nebenmann zu Nebenmann, wie gesagt:

»Schließlich — irgendwo sind Sie selber doch auch ein Deutscher!«

Sie können es sich vielleicht nicht vorstellen, aber diese Offenbarung war für mich schon — wie soll ich sagen, ja: ein Hammer. So völlig überraschend beim Deutschsein ertappt zu werden, ist schon eine peinliche Sache.

Ich weiß: Darüber spricht man nicht. Aber nun ist es sowieso raus. Das heißt: So ganz ist es eben nicht raus, wie das mit meinem Deutschsein ist. Mein Aufklärer vermutet es im Irgendwo.

Da diese halb zweifelnde Feststellung nun einmal meine Person betraf und nicht die Ihre, werden Sie Nachsicht üben, wenn ich bei dieser deutschen Erkundung von meinem Sonderfall ausgehe, um von da aus die Untersuchung versuchsweise ins Allgemeine zu erweitern.

Dies ist der Bericht von einem, der auszog, das Deutschsein zu lernen. So unklar das Ziel auch ist, zumindest die Richtung ist vorgegeben: Ich habe in mich zu gehen. Ich gehe darum voran als schlechtes Beispiel. Sie dürfen mir dabei in sicherem Abstand folgen. Das ist das Motto, auf das Sie sich eingelassen haben: »Wir sind, was volkt!«

Wenn Sie nun mit mir in mich gehen, gehört dazu schon einiger Mut. Bei mir da drinnen ist es ziemlich duster — und meine Gedankengänge sind zuweilen schlüpfrig, zumindest sind sie holprig und führen auf immer neue Abwege, die wahrscheinlich in tiefschwarz gähnenden Abgründen enden. Keinesfalls sind Sie vor allerlei Hinterhältigkeiten sicher, die Sie vom sicheren Pfad Ihrer deutschen Tugend weglocken sollen ins verdschungelte Gekuddel und Gemuddel der unsaubersten Assoziationen, wo hehrste Gefühle in den nestbeschmutzenden Dreck sogenannter Satire gesudelt werden, in den multi-kloaken Sumpf undeutscher Heillosigkeit.

Zu Risiken und Nebenwirkungen dieser Lektüre sollten Sie ernsthaft sich selber befragen. Ich jedenfalls habe Sie gewarnt.

2.

Der Autor führt mit seiner Leserin ein Beziehungsgespräch über die nationale Libido sowie über den Mangel derselben

Zugegeben: Der Ausgangspunkt dieser Expedition ins Irgendwo-Deutsche ist nicht jedermanns Sache — und gewiß nicht jederfraus. So muß ich bei Ihnen, liebwerte Leserin, wohl um Vergebung heischen. Sind doch Örtlichkeiten wie Wörtlichkeiten dieses Berichts bislang ziemlich im Unziemlichen angesiedelt.

Und nicht nur das. Ich ahne bänglich das feminine Gegroll und Gegrummel — vonwegen, daß sei ja mal wieder typisch Typ, wenn die Geschichte derart eindeutig und einseitig auf männlichem Terrain ihren Anfang nehme, um so den Frauen von vornherein den Zugang zum Thema unmöglich zu machen.

Gemach, meine Liebe! Dieses Miss- bzw. Mrs.-Verständnis kann geklärt werden.

Der männliche Leser möge sich noch etwas gedulden. Sie werden es hoffentlich entschuldigen, mein Herr, wenn ich mich jetzt mit meiner Leserin zu ein paar klärenden Ab-Sätzen zurückziehe. Sie, geschätzter Leser, blättern freundlicherweise ein paar Seiten weiter. Ich rechne fest mit Ihrer diskreten Absenz. Ab Kapitel Numero 3 sind Sie dann wieder zugelassen. Tragen Sie es wie ein Mann.

So! Da wir nun, meine Verehrteste, unter uns sind — unter zwei Augen, also ich unter den Ihren, die Sie mich erlesen oder doch zumindest dieses mein Anschreiben an Sie —, wo wir nun quasi intim sind, sollten wir unsere Mißhelligkeiten auszuräumen versuchen.

Sie sind verärgert, weil es so aussieht, als ob ich Anstalten träfe, die nationale Frage in eine Anstalt einzuweisen, und zwar in die Bedürfnisanstalt des Allzumännlichen. Mithin kann es so wirken, als würde ich suggerieren, daß es nur dem anderen Geschlechte zustünde, sich des Deutschen in jeglicher Weise zu bemächtigen.

Nun gibt es, wie beschrieben, tatsächlich keinen intimeren Ort deutscher Gemeinsamkeit als jenen, zu dem dem Weibe der Eintritt verwehrt ist durch das eindeutige Machtwort »Herren«. Gerade deshalb war dieser Rückzug auf das Männerklo Voraussetzung für die Eröffnung meines Irgendwo-Deutschseins. Ein Ort der gleichgeschlechtlichen Enthüllung, der ein offenes Manneswort erst möglich macht. Heißt es doch: »Ein Mann, ein Wort« — und dieses Synonym, diese Gleichsetzung von zwei Begriffen zeigt, daß es sich beim Wort um ein männliches Geschlechtsmerkmal handelt. Weshalb es übrigens auch sehr peinlich ist, wenn eine Frau in aller Öffentlichkeit das Wort ergreift — oder es gar dem Mann abschneidet.

Und geht es doch auch beim Vater-Ländischen um das Lands-Männische, um ein männliches Hoheitsgebiet, um ein patriarchales Gelände.

Hinter der Aufschrift »Herren« verbirgt sich symbolhaft ein urgermanischer Allgemeinplatz. Hinter dieser Pforte springt er noch, jener Quell, der längst versiegt zu sein schien: der Born der deutschen Brüderlichkeit. Im Gefühl des einsamen und doch gemeinsamen Sich-Verströmens entsteht eine Verbrüderung mit seinesgleichen, eine Egalität und Fraternität der allzumal von gleicher Notdurft Bedrängten, die im befreienden Abschlag des Überdrucks zur abschlagenden Verbindung wird, zum urdemokratischen Miteinander: alles die gleiche Blase.

Hier also hat die germanische Brüderschaft ihre geheime Stätte, wo man, zusammen haltend das jeweils Seine, stets zum Schutz und Trutze brüderlich zusammenhält.

Davon kann Mann ein Lied singen, das »Lied der Deutschen«, wo es der brüderlichen Vorhut bekanntlich »über alles, über alles« geht.

Deutschsein — es tut mir leid für Sie, meine Leserin — ist erstlich und letztlich Männersache, auch wenn Ihnen das über die Hutschnur gehen sollte. Nun wird diese Hutschnur eher ein Band sein, vielleicht sogar jenes, das ursprünglich »Hymne« und »Hymen« miteinander verknüpfte.

Denn das »Hymen« tönte für die Griechen mehrdeutig; sowohl »das feine Band, das Bändchen, das Häutchen«, als auch »das Gefüge« zum Beispiel von Tönen, das hymnische Ton-Band.

Hymen und Hymne: Symbole penetranter männlicher Herausforderung. So haben kernig-kerlige deutsche Mann-Schaften in hymnischer Stimmung den europäischen Nachbarn schon des öfteren auf das Eindringlichste klargemacht, daß Was-ein-richtiger-Recke-ist vor keiner Grenze haltmacht.

Nun wird diese erste Strophe der National-Hymne derzeit nicht offiziell angestimmt, sondern nur angestummt: Man versingt sie im Schweigen — im deutschen Chor-Geist. Das Volk denkt sich seinen Text-Teil.

Daß wir die Botschaft der ersten Strophe heute (noch) verschweigen, hat mit der Wende zu tun — einer früheren allerdings, mit der deutschen Katastrophe von 1945. »Wende« und »Strophe« sind als Begriff ohnehin eines. Mit Strophe wurde im griechischen Theater jene Stelle im Sprechgesang bezeichnet, bei welcher der Chor eine halbe Drehung machte, um sich einem anderen Akteur zuzuwenden. Wenn sich der Chor völlig abwandte vom jeweiligen Hauptdarsteller, wenn er die totale Wende vollzog, so war das — die »Kata-Strophe«.

Der Chor stellte das Volk dar in diesen katastrophischen Tragödien — und noch heute herrscht im deutschen Volke ein solcher Chor-Geist.

Allnächtlich vollzieht das Volk die Wende, wenn es nach dem abendlichen Starren in die Röhre aus dem Starr-Krampf erwacht, weil das Deutschland-Lied sang-, aber nicht klanglos ertönt. Sich abwendend von der Glotze, erhebt sich das deutsche Volk und schlurft — wohin wohl? — jawoll: aufs Klo.

Eine allnächtliche Volkserhebung — unter dem Klang der National-Hymne.

Die Schlußakkorde der ersten Strophe, die von der Maas bis an die Memel, von der Etsch bis an den Belt dahinschwappen, vereinigen sich mit dem Rauschen der Wasserspülung bis das letzte »Übeheraha-halles« in der Unterwelt, in der Kanalisation vergurgelt.

Um auf die deutschen Sanges-Brüder zurückzukommen: Auch im Abgesang der alten DDR, in der Hymne von Johannes R. Becher wurden nur die Brüder angesungen (später nur noch angesummt; weil der Text nicht mehr zur politischen Linie paßte; insofern waren die beiden Deutschlands — wenn auch in verschiedenen Strophen und in verschiedenen Tonlagen — schon immer summend eins) — auch dort war also hymnisch verdichtet, daß wir »brüderlich uns einen«. Schwestern kamen dort ebenfalls nicht vor.

Allerdings: Entgegen der hymnischen Versicherung, die deutsche Sache unter den Brüdern abzumachen, mußte man im öffentlichen Gerede doch auf die Schwestern Rücksicht nehmen.

So wurde einst in den sonntäglichen West-Ritualen der »Brüder und Schwestern in der Zone« gedacht, wobei diese Zone stets als erogene gedacht war: als das obskure Objekt der marktwirtschaftlichen Begierde.

Nach jahrzehntelangem Vorspiel kam man endlich zum Höhepunkt in einer wilden ekstatischen Nacht, als alle Schamgrenzen fielen und man sich plötzlich ebenso wild wie fremd in den Armen lag.

Eine öffentliche Blutschande: Wieder und wieder vereinigten sich die Brüder und Schwestern im gesamtdeutschen Inzest auf dem schwarzrotgoldenen Lotterlaken.

Doch der Schmus primae noctis ist längst vergessen. Nach der Nacht der Empfängnis kam der graue Morgen. Post coitum omnia Germania triste.

Ich hatte bei dieser deutsch-deutschen Ekstase ohnehin Orgasmus-Schwierigkeiten. Peinlich genug auch diese Enthüllung: Mit meiner nationalen Libido stimmt etwas nicht. Was kein Wunder ist: Ich habe keine.

Mit der Liebe will es bei mir einfach nicht klappen, zumindest was die Liebe zum Vaterland betrifft. Es will mir nicht in den Kopf, geschweige denn in die Lenden, daß man sein Vaterland zu lieben hat. Ich konnte mir auch bei wildester Sexualphantasie nie vorstellen, wie das gehen soll. Manchmal hatte ich meine Zweifel, ob es eine derartige Liebe überhaupt geben könne — aber dann wieder dachte ich mir, daß es schließlich auch Stiefelfetischisten gibt oder Leute, die sich extra einen Gaul halten, um gelegentlich mit ihm zu knutschen, oder andere, die sich gern mal nachts ein halbes Stündchen zur Oma in den Sarkophag legen. Warum soll es da nicht auch unglücklich Veranlagte geben, die ihr Vaterland lieben...

Aber man muß doch nicht jede Perversion mitmachen. (Und die lateinische »Perversion« meint dasselbe wie die griechische »Katastrophe«: eine Umkehrung, eine Wende. Auf französisch wäre es gar eine Hinwendung zum Väterlichen: »père-version«.) Selbst wenn ich wollte, ich könnte es nicht. Zum Nach-Vollzug dieser Liebe braucht es nun mal ein Stück nationaler Penetranz. Und da geht mir stückweis was ab.

Psychoanalytisch müßte ich unter etwas ächzen, was Sigmund Freud als das urtypische Frauenleiden benennt. Auf meiner Unterschwelle müßte der finsterste Penis-Neid hocken und mich auf das Heftigste obsessieren.

Nein, nein, keine Besorgnis: Mir fehlt nichts weiter — wirklich nicht. Es geht um das, was mir eigentlich fehlen müßte: dieses offenbar unverzichtbare Anhängsel eines hiesigen Mannsbildes, eben dieses deutsche Dings, »unser aller« Dings, das Aller-Dings. »Allerdings gehört nur der zu unserer heiligen großen Schicksalsgemeinschaft, der mit seinem Volke aufsteht, wenn nun der Sturm losbricht. Das Volk muß stehen wie ein Mann.«

Also sprach Joseph Goebbels.

Es geht um den deutschen Ernst-Phall. Und da, wie gesagt, mangelt es mir an Standhaftigkeit. Den neueren Angaben national verdichteter Essays zufolge, ist es kaum glaublich, daß ich ohne »es« auskommen kann. Deshalb, so es-sayt man mir, sollte ich mich schämen, nicht unbedingt darüber, daß ich unbe-Dingt bin, also daß »es« mir fehlt; nein, zerknirscht und zerknittert sollte ich sein, daß ich dieses Fehlende bisher nie vermißt habe, daß mir sein Fehlen nicht fehlt.

Das Gefühl, daß mir nichts fehlt, mithin das nicht-fehlende Nationalgefühl, wird mir als schwerste Verdrängung angelastet. Ich sei, so höre ich, ein irrnationaler Neurosenkavalier. Ein Germano-Kastrat.

So wird auch die Zögerlichkeit jenes CSU-Herren auf dem Männerklo verständlich.

Als wir gemeinsam vor den Becken standen, war ihm zwar ein Teil meines Geschlechts offensichtlich, doch ist der Rückschluß vom Teil aufs Ganze nicht ohne Risiko. Der wackere Mann ahnte anscheinend, daß ein irgendwie männliches Geschlechts-Teil keineswegs eine Gewähr dafür bietet, daß dessen Teil-Haber (in diesem Falle ich) auch ein vertrauenswürdiges Glied sei im einzig wahren geschlechtlichen Sinne: im germanischen »Herren«-Geschlecht.

Sie merken spätestens jetzt, meine mir hoffentlich wieder geneigte Leserin, daß ich auch deshalb meine Geschlechtsgenossen von der intimen Sphäre dieses Kapitels ausgesperrt habe. Die anderen Kerle müssen ja nicht unbedingt wissen, daß Sie und ich etwas gemeinsam haben — eben weil uns etwas fehlt, das uns nicht fehlt.

Beide sind wir für das wahre Deutschsein nicht Manns genug.

3.

Auf der Suche nach dem Irgendwo
gelangen wir dorthin,
wo die Krauts wachsen
und wo Nichts von Bedeutung ist

Von hier an dürfen auch Sie wieder mitlesen, mein Herr. Seien Sie bedankt, daß Sie so lange auf uns gewartet haben. Und Sie haben sich gewißlich bezähmt, uns nachzuspionieren, da bin ich mir Ihrer Mannhaftigkeit sicher,obwohl Sie schon gerne gewußt hätten, was da im letzten Kapitel hinter Ihrem Rücken vor sich gegangen ist.

Wissen wir doch aus pubertärer Erfahrung, daß es gerade die verbotenen »Stellen« in einem Buch sind, die einen erst lesejieprig machen: dort, wo sich die gewissen Bücher fast von selbst aufklappen, sich einer ängstlichen Begehrlichkeit willig öffnend.

Nun, Sie sind kein Weib, mein Herr. Keine Eva, die von ihrer Neugier naturgemäß überfraut wird — und dann Adam in den sauren Apfel beißen läßt, um so im Schnellimbiß der Erkenntnis zu erfahren, daß sie sich selber veräppelt hat.

Was im vorangegangenen Kapitel verhandelt worden ist, war ohnehin nicht der Rede wert — zumindest nicht unter gestandenen Kerlen.

Apropos: Wenn ich das »Wir« gelegentlich benutze, dann ist es keine plumpe Vertraulichkeit, zumindest nicht mit mir. Es handelt sich um einen Autoren-Plural: Um scheinbar uneitel die erste Person Einzahl für seine Person zu vermeiden, vermehrt der Autor sich mit sich selbst und befriedigt damit zugleich sein Selbst. Zugleich gibt er mit diesem Wir vor, den Leser mit einzubeziehen. Ein alter Trick, um für eine gewisse Vertraulichkeit zu sorgen. Doch mich bringt das auch durcheinander: Für mich ist dieses Wir noch ungewohnt. Normalerweise iche ich mich; ich sage nur Wir zu mir, wenn ich mehrheitlich meiner Meinung bin, was selten der Fall ist.

Kommen wir also zur Sache, die — wie Sie wissen — nicht nur irgendeine Sache ist, sondern die deutsche Ur-Sache überhaupt.

Ein rätselhafter Suchauftrag ist uns aufgegeben. Hatte doch mein nationaler Erwecker, jener völkische Bayern-Kurier, meine deutsche Tümlichkeit in ein unbestimmtes, dunkles »Irgendwo« verwiesen. »Schließlich — irgendwo sind Sie selber doch auch ein Deutscher!«

Aus so berufenem Munde entäußert bekommt das »Irgendwo« eine wuchtige Gedankenschwere.

Ansonsten wird es eher leichtlippig verplaudert — in alternativer Bedeutungslosigkeit. Mir kam diese irgendwie beliebige Irgendwo-Geschwätzigkeit vor einiger Zeit wieder zu Ohren — bei einem Oldie-Treffen von Alt-Ächzigern, Politbaujahr 68. Eines dieser nostalgisch verseufzten Feste, wo allerlei ausgediente Revoluzzer sich in ihrer politischen Mitleids-Crisis wiedertreffen.

Es schwappt der Aspirino Classico in den Pappbechern, und Paulchen sinniert mit uns: »Will you still need me, will you still feed me?«

Dort trifft man sie noch, die Szene-Gurus, die einst in heißen Berliner Nächten nur einen Steinwurf weit von der Weltrevolution entfernt waren, und die heute als Anwälte für Wirtschaftsrecht oder als Immobilien-Makler alle immanenten Widersprüche auf die Spitze antagonisieren. In mild-besonnter Klarsicht lassen sie ihre Blicke hinwegstreifen über längst verjährte linke Bübereien.

Ein solcher Schili, soll heißen: schicker Linker, stand in der Wohnküche salatbetellert neben mir und spießte mit der Plastikgabel anklagend auf mich ein:

»Also nee, Martin, das muß ich dir mal sagen, also, das find ich irgendwo echt Scheiße...«

Ein Überbleibsel aus jener Betroffenheitssaison, als die Gefühle ihren natürlichen Aufenthaltsort im Dickdarm hatten — und alles noch voll aus dem Bauch herauskam, eben »irgendwo echt Scheiße«, der verbalisierte Stuhlgang.

Ein derart fäkalisiertes Irgendwo war gewiß nicht im Sinne meines bayrischen Verkünders. Nein, das seine ist, wenn überhaupt, dann nur in höheren Sphären denkbar.

Dieses Irgendwo sollte auch Ihnen zu denken geben. Was sagt es uns? Lauschen Sie ihm nach, diesem Echo des Unbestimmbaren, dem in der Ferne verwehenden Sphären-Klang, dem sich verflüsternden Urlaut des Nichtssagenden.

Um das Unerhörte der Unsäglichkeit zu erhören, brauchen Sie allerdings ein metaphysisches Trommelfell, ein Gehör für das Absolute, eine Art drittes Ohr. Nur dann kann sie in Ihnen nachschwingen, diese unauslotbare deutsche Sinnentiefe, die zu uns spricht in jenem so vertrauten und doch so ewig weiten »Irgend«.

Ist es nicht schon durch seine Endung seltsam anhaltend, als wolle es nicht wirklich ausklingen? Was in der deutschen Grammatik auf »-end« endet, endet ja nicht im eigentlichen Sinne, sondern es ist dabei, zu verenden, dies aber andauernd: es ist gewissermaßen endlos verendend.

(Bei deutschen Wörtern, die mit der Silbe »End-« beginnen, wird das Ende hingegen als ein endgültiges Verenden ausgesprochen: Endlagerung, Endsieg, Endlösung... heißt es in vollendetem Deutsch; die Vollender und Vollstrecker waren stets endsprechend mordsmäßig sprachbegabt.)

Das »Irgend« verweist ins Unendliche — und dieser Verweis gilt auch für Sie. Haben Sie keine Bange: Dies wird keine neverending story. Was hier vorliegt, vor Ihnen, ist eine deutsche Geschiche — und die deutsche Geschichte ist, wie angemerkt, eine end-gültige.

Doch jetzt sollten Sie den Trip genießen. High und higher — ins Irgendwo, in das nicht zu bestimmende, überall und stetig seiende unendliche Wo — wo immer wir Deutschen schon waren und noch sein werden.

Ich bin mir nicht ganz sicher, ob ich Sie hierher überhaupt mitnehmen durfte — ins germanische Nirwana. Es ist schließlich kein Allgemeinplatz, wo denken Sie hin. Nur Befugten ist der Zutritt gestattet, nicht den von mir Beunfugten.

Am besten, Sie halten sich dicht hinter mir. Folgen Sie mir auffällig. Unauffälligkeit wirkt nur verdächtig in dieser Walhalla der großen Deutschen. Hier schweben nur die trefflichsten Geister ein. Den Wissenden im Volke ist das Irgendwo stets ein gemeinsamer heiliger Ort gewesen. Eine Ting-Stätte des deutschen Geistes: Marke-Ting des esoterisch Nationalen.

Schauen Sie mal, dort drüben, können Sie ihn erkennen, diesen Zeitgeist im Schwebezustand? Hoppla! Jetzt ist er nach rechts abgekippt. Das ist ein Geist vom Feinsten: Straußens Botho, noch etwas verschwollen vom letzten nationalen Bocksgesang. Der geistert hier als Sonderkorrespondent für den »Spiegel« herum. Ein »magischer Ort der Absonderung«, so hat er vermeldet. (Unsinn! Damit hat er nicht das Herren-WC gemeint. Sie müssen mal langsam runter vom Klo. Der anschwellende Schmock-Gestank hat andere Ursachen.)

Strauß hat im deutschen Irgendwo sogar eine Grünanlage entdeckt: »ein Garten der Befreundeten, wo noch Überlieferbares gedeiht, hortus conclusus, der nur wenigen zugänglich ist«. So beschreibt er diesen geheimen Hort, den lange totgesagten Park, wo mehr als ein Kraut gewachsen ist gegen die Un-Krauts, gegen jene, die »grimmig sind gegen das Unsere«.

Dort wird es weiter gehegt und gehütet, das Strauß'sche Wissen, »daß der Mensch, der einzelne wie der Volkszugehörige, nicht einfach nur von heute ist«.

Eine Heimstatt mithin der Gestrigen, die noch verstehen, »daß ein Volk sein Sittengesetz gegen andere behaupten will und dafür bereit ist, Blutopfer zu bringen«.

Ich merke schon: Es wird Zeit, daß ich mich zurückziehe, sonst kriege ich es mit der geballten Wucht des deutschen Geistes zu tun. Im Hintergrund tönt Big Benn, was die deutsche Stunde geschlagen hat.

Eifrig souffliert Gottfrieds Geist aus seinen Auf- und Einsätzen gegen das nationalverräterische linke Intellektuellen-Pack, das emigriert gehört.

Ich fürchte, ich gehöre zu jenen, von denen dieser alte, neue deutsche Geist ziemlich entgeistert ist. Tatsächlich grimme ich gegen »das Unsere« und denke nicht daran, feige und verweichlicht, wie ich bin, jemanden blutzuopfern, weder mich noch andere.

Und sind Sie ganz sicher, daß der Zeitgeist nicht auch Sie auf dem Kieker hat? Möglicherweise sind Sie ebenfalls nicht richtig opferwillig. Ich kann es nicht genau sagen; dazu kennen wir uns noch nicht lange genug. Immerhin: Sie sind mit mir gekommen, als meine Begleitung. Dadurch haben Sie sich schwer verdächtig gemacht. Vergessen Sie nicht: Das germanische Sitten- und Sippengesetz kennt keine Gnade.

Vom Chefankläger Strauß hochnotpeinlich befragt nach meiner Zeit-Zugehörigkeit, kann ich nicht leugnen, daß ich einer »von heute« bin. Und als Heutiger bin ich nicht mehr »in«. Ich habe mich geoutet als Nichtaktueller, denn aktuell sind die Modefarben von gestern. Die Gestrigen haben das Sagen und Schreiben. Das Morgige läßt sich erahnen.

Dieses ur-deutsche Ur-Ahnen, dieses gewisse Ungewisse — das ist es, was das »Unsere«, das Deutschsein ausmacht, wenn es ans Eingemachte geht.

Nur eines ist gewiß: das Ungewisse. Die große Dichtkunst wußte zu allen Zeiten, sich darauf einen Reim zu machen. In meinem frühen Mittelalter war es der Minnesänger Vico Torriani, der das Hohelied auf das gewisse Irgend-Etwas sang:

»Du hast so was, du hast so was Gewisses,
und keiner weiß genau, was isses.«

Notieren wir darum als Zwischenergebnis: Beim Deutschsein muß man mit dem Ungewissen rechnen — nicht mit dem Gewissen. (Und damit ein gewisses Wissen nicht zu lästig wird, hieß der Marschbefehl: Geh, Wissen!)

Unser Ausflug ins Irgendwo — das haben Sie wahrscheinlich mittlerweile ebenfalls festgestellt — hat nach dem berauschenden Anfang kein ebensolches Ergebnis gebracht. Nun hatten wir anfangs eine ganz andere Reiseroute geplant. Wir hatten beschlossen, daß wir gemeinsam, Sie und ich, in mich gehen — trotz des Gedrängels, daß dann wahrscheinlich in mir herrscht. Wenn wir jedoch dort nach dem »Unseren« forschen würden... — Sie ahnen wohl inzwischen, was wir entdecken würden. So ist es: Nichts!

Doch sollten wir an diesem Befund nicht verzagen. Nach Auskunft früherer deutscher Kundschafter, die im furchtlosen Selbstversuch sich in sich selbst hineinversenkten, scheint dieses Nichts der häufigste Aggregatzustand der deutschen Seele zu sein, ein Zustand der Verflüchtigung. In den Wissenschaften nennt man das den Dr. Kimble-Effekt. Das heißt: Die deutsche Seele kennt sich selbst nur flüchtig. Womit wir wieder im Irgendwo wären.

Das Nichts heideggert irgendwo urgründig in uns. Ein nicht zu benennendes Ding. Ein Unding.

»Kein ding sei, wo das wort gebricht.«

Stefan George hohepriesterte uns diese Erkenntnis — und Martin Heidegger hockte bei ihm, ausharrend,

»bis die graue norn
den namen fand in ihrem born«.

Was fand sie? Nichts. Denn uns wird mitgeteilt:

»Sie suchte lang und tat mir kund:
So schläft hier nichts auf tiefem Grund.«

Was will uns der Dichter damit sagen? Sie sagen es: Nichts! Und das, wie gesagt, sagt er auch. Das Nichts-Sagende, das wir bereits im Irgendwo antrafen, wird zur Ausdrucksform auch bei der Erforschung der verschiedensten deutschen Vergangenheiten (meist eine Vergangenheit für Verschiedene). Wenn im nachhinein die Frage gestellt wurde, was der oder die einzelne im vorherein getan hat, war die Antwort stets: Nichts!

Wie aber hätte es anders sein sollen! Nichts war eigentlich geschehen. Und nur daran konnte man sich erinnern.

Es war folgerichtig das Nichts, vor dem die Deutschen 1945 standen. Aber da es ein deutsches Nichts war, haben sie etwas daraus gemacht.

Ich kann Nichts beschwören und das tue ich hiermit: Das Nichts als die Wahrheit ist die wahre Grundlage deutscher Existenz. Wann immer man gründlicher nachforscht, also schürft »auf tiefem Grund«, war da im Grunde — Nichts und wieder Nichts!

Nun lautet ein alter Kausal-Satz der Philosophie: »Nichts ist ohne Grund.«

Doch im philosophischen Irgendwo der Deutschen braucht das Nichts keine Begründung für seine Existenz.

»Nichts ist. Ohne Grund.«

Dies sagt uns Heidegger. Sein Echo hallt aus dem Unergründlichen wider, wo der deutsche Tiefsinn auf der Ka-Lauer liegt.

Aber wehe, es lacht einer! Der Heidegger-Gemeinde ist jede Sinn-Blähung des Meisters, jedes Wehe- und Weihe-Wort ein heiliges Blähbläh. »Das riecht nach Heidegger«: eine Aussage, die man zuweilen von philosophischen Schnüfflern hört. Doch nur wenigen Auserwählten wird der Sinn ruchbar. Denn — wie Botho Strauß sich selbst beruhigt:

»Die Intelligenz der Massen hat ihren Sättigungsgrad erreicht. Unwahrscheinlich, daß sie noch weiter fortschreitet, sich transzendiert und 10 Millionen RTL-Zuschauer zu Heideggerianern würden.«

Da sei die Einschaltquote vor! Im Sinne des Meisters sind diese Millionen keine Nichts-Würdigen.

Und für Sie gilt ebenfalls der philosophische Leersatz:

Heidegger ist. Nichts für Sie.

Aber das muß Sie nicht grämen. Sie haben ja mich als Ihren Vordenker. Wir haben uns stillschweigend auf eine Arbeitsteilung geeinigt: Ich denke vor! Sie denken nach!

Sie brauchen sich noch nicht einmal eigene Gedanken zu machen. Machen Sie sich einfach meine.

Bei mir wird das Recht auf Meinungsfreiheit demokratisch praktiziert: Jeder hat das Recht auf meine Meinung.

Und meine Meinung zu diesem Nichts-nutzigen Kapitel ist folgende: Irgendwo wird das mit dem grundlosen Nichts als Grundform des deutschen Seins schon seine Nichtigkeit haben.

Der fränkische Odensänger Johann Peter Uz hat es uns schon um 1750 barock vorgedichtet:

»Ein rauh verachtet Volk
macht sich der Erde fürchterlich
wird üppig und entkräftet sich
und fällt nach kurz genoß'nem Glücke
schnell in sein erstes Nichts zurücke.«

Und nachdem mir schon so viele Fremdgeister in dieses Kapitel ungebeten hineingedichtet haben, kann ich als Undichter die Verse nicht länger halten.

Von einem Morgenstern'schen Irgendwiesel inspiriert, jubele ich Ihnen schnell noch etwas unter Ihre lyrische Allgemeinbildung: meine ultimativen Gedanken zum Irgendwo. Soll keiner sagen, ich schriebe hier nur ungereimtes Zeug:

Das Irgend
sitzt Reime würgend
in irgend-
einem
Irgend-
Wo
auf Irgend
seinem
Apro-
Po
und sehnt sich so
nach nirgend-
keinem
Nirgend-
Wo.
Zu Ultimo
es irre irgt,
was irgend-
wo
so wirre wirkt.
So
würgt's unstet.
O,
wär man froh,
wenn's Irgend geht.

4.

Wie dem Führer ein Kind geschenkt wurde und er die Annahme verweigerte

Nun denn! Das derzeitige Irgendwo meines sinistren Deutschseins mag im dunkeln liegen, doch läßt sich klar das Wo lokalisieren, an dem es seinem Anfang nahm. Die Adresse lautet: Berlin-Wedding, Sansibarstr. 12, parterre rechts.

Dort brachte mich dem Hörensagen nach meine Mutter an einem Maientage im Jahre des Heils 1942 zur Welt.

Meine Mutter war anno dazumal eine glühende Nazisse. In einer stillen Stunde machte sie mir später einmal ein verwirrendes Geständnis — nämlich, sie habe, als sie mich zur Welt brachte, das seltsame Gefühl gehabt, dem Führer ein Kind zu schenken.

Anscheinend hat der die Annahme verweigert, was meine post-natalen und bis heute anhaltenden prä-nationalen Schwierigkeiten möglicherweise erklärt, wenn auch nicht entschuldigt.

Bin ich der heimliche Sohn des Führers? Bitte verstehen Sie diese mich quälende Sorge. Vielleicht haben Sie die Gnade einer späteren Geburt.

Wäre ich des Führers Sproß, sagt meine Verlegerin, würde meinem internationalen Durchbruch nichts mehr im Wege stehen. Doch ich will hier nicht prahlen mit möglicherweise gefälschten Genen.

Das Verhältnis, das meine Mutter mit dem Führer hatte — oder zumindest zu ihm hatte —, war wohl mehr ein einseitiges, dem sie in besinnlichen Momenten in der Weddinger Wohnküche hinterherträumte — mit hingeseufzten Bemerkungen wie: »Bei Adolf wäre so etwas nicht passiert.«

Zunächst einmal war so etwas wie ich passiert. Auch wenn ich an einen konkreten Vater keine Erinnerung habe, so war wohl doch ein anderer als jener Adolf bei meiner Mutter Empfängnis zugange. Offenbar eine Arbeits-Teilung: Dieser leibliche Vater fungierte als mein Erzeuger, während der Führer mehr als Über-Zeuger den ideellen Samen beisteuerte.

Zeugung aus Überzeugung — das war (und ist) eine deutsche Kampfaufgabe: Seid furchtbar und mehret Euch! In diesem Jahrhundert hat man in Deutschland oft nur deshalb Kinder gekriegt, um sie im nächsten Krieg schnell wieder wegzukriegen.

Kollektive Abtreibung — von den pastoralen Hirten im Felde ausdrücklich befördert. Ein bewährtes Konzept: post-natale Geburtenkontrolle.

Denn, wie es ein protestantischer Militär-Oberpfarrer in bundesbewehrter Jetztzeit als tiefe christliche Weisheit in einer Kirchen-Postille erkannte: »Wer früher stirbt, lebt länger ewig!« Diesen leichenbeschaulichen Grund-Gedanken fand ich in einem Gedenkartikel zum Totensonntag (und das ist bekanntlich jener Tag im Jahr, an dem wir unseren teuren Verblichenen noch einmal zeigen, was eine Harke ist).

Wenn ich jetzt mal bei der Vermutung bleibe, daß Adolf Hitler für mich als genetisch Zuständiger ausfällt, dann muß ich wohl in meinen Fall die Vaterschaft eines gewissen Martin Buchholz anerkennen.

Ihnen fällt dabei wahrscheinlich ebenso wie mir auf, daß der Mann denselben Namen benutzt hat, den ich mir zu machen versuche, aber Verwechslungen sind wohl auszuschließen. Mir jedenfalls ist dieser andere Martin Buchholz auch nur vom Namen her bekannt: Er verabschiedete sich im Mai 1943 — zwei Tage nach meinem ersten Geburtstag — endgültig von Deutschland, und zwar im fernen Russenland.

Was von ihm übrig blieb — für mich —, war sein Name. Wahrscheinlich ahnen Sie gar nicht, wie sehr eine solche Benennung zu einer Erblast werden kann. Im Namen des Vaters: eine symbolische Ein-Berufung. Bei »Martin« stand Mars Pate, der einst als angesehener europäischer Kriegsgott im Geschäft war. Genannt wurde ich also: »der Kriegerische«.

Mein Vater, der kriegerische Senior, ist über sein 34. Lebensjahr nicht hinausgekommen. Ich bin heute 51. Zuweilen gibt mir diese Tatsache das Gefühl, als hätte ich mich gedrückt sowohl vor der Ein- als auch Abberufung; ein Abgrund an Landesverrat, einfach so pflichtvergessen weiterzuleben — 17 Jahre über die eigentliche, die nennenswerte Martin-Buchholz-Zeit hinaus. Vaterländisch gesehen, bin ich schon lange überfällig.

Ich, der Martin-Sohn: hastiges Produkt eines kurzen Heimaturlaubs zwischen zwei Front-Einsätzen. Ich wurde gemacht, melodramatisch formuliert, mit dem Sensenmann als Beisteher.

Meine Erzeugung: eine Ahnung des Todes?

Das weiß jeder Soldat: Er wird schließlich und lebens-endlich als Selbst-Mörder gedungen (die anderen, von ihm ausgelöschten Selbste mal nicht gezählt).

Ich war also angelegt, zumal als einziger Sohn, als Überbleibsel. Ein Lebensrest.

Der Krieg gab bald darauf meinem Vater den Rest, oder wie es, der großen »Sache« angemessener, hieß: er gab sein Leben dem Führer — sachgemäß.

Dieser Führer offenbar bekam massenhaft deutsches Leben geschenkt — zunächst das der Kinder von den deutschen Gebär-Müttern und dann, als Draufgabe, das der deutschen Väter.

Lebens-Schutz war ein national-sozialistisches Programm: im arischen Mutterleib galt das werdende Leben als heilig. Heute beklagen dagegen die Furienkardinäle den »millionenfachen Massenmord im Mutterleib«. Und »so etwas« hat es bei Adolf Hitler nicht gegeben. Der hatte die Abtreibung mit Todesstrafe belegt. Auf diese Weise hat der christliche Führer Adolf Hitler im Sinne der katholischen Bischöfe den Massenmord verhindert.

Doch die Gegenwart soll an diesem Punkt besser ausgeklammert bleiben — deshalb Klammer auf:

(Ein Exkurs in die heutige Gebärmutter zeigt, daß sie nach wie vor vom päpstlichen Segen »Urbi et Uteri« schwer betroffen ist. Heute jedoch verweigert sie sich immer öfter der deutschen Sache. Längst schlagen Schlagzeilen Alarm: »Wir Deutschen sterben aus!« Eine aussterbende Spezies in einem bedrohten Biotop — oder wie man früher im deutschen Klartext sagte: »Lebensraum«.

Die Karlsruher Verfassungsrichter erkannten ebenfalls, wie erbarmungswürdig die Verfassung des deutschen Volkes ist. Fürderhin sollen pflichtvergessene Weibsbilder ihren Schoß nicht länger dem deutschen Volk verweigern dürfen, indem sie dieses Volk stückweise abtreiben. Die Gebärmutter ist zum unverzichtbaren Teil des Staatswesens erklärt worden. Jetzt mußte auch die Ossi-Frau lernen, was die Wessi-Frau aus langer staatlicher Leibeigenschaft wußte: Bei den Christdemagogen war der Uterus schon immer die einzige private Produktionsstätte, die sozialisiert werden mußte.

Erschwerend kommt hinzu, daß das deutsche Volk, wie der Ober-Bayer Edmund Stoiber schon vor geraumer Zeit ausdrücklich warnte, immer mehr »fremdländisch durchmischt und durchraßt wird«. Allerdings sieht dieser durch und durch rassige Stoiber auch so aus, als sei er geradewegs einer »Aktion Lebensborn« entsprungen.

Und somit schließt sich die Klammer von der Gegenwart zur Vergangenheit. Deshalb: Klammer zu!)

Ich kann mich nur sehr dunkel an meine Zeit als Leibes-Früchtchen erinnern, als ich noch zum deutschen »werdenden Leben« zählte. Seltsam genug, daß das Leben nur in der Zeit vor der Geburt als ein werdendes anerkannt wird. Danach ist es kein werdendes Leben mehr, sondern ein gewordenes. Und was daraus wird, ist offenbar nicht mehr lebenswichtig.

Geworden soll heißen: daß es mit dem Werden vorbei ist — ein gewesenes Werden. Gewordensein ist also ein Gewesen-Sein. Aus und vorbei! Geworden, weil geworfen: »eine Geworfenheit« ins Da-Sein, wie es Heidegger ziemlich muttersäuisch kommentiert.

Mich hatte vorher niemand gefragt, ob ich überhaupt geworfen werden wollte. Seit langem bin ich der Meinung, daß es eine

Art Zwangsberatung geben müßte — nicht für die Mütter (die müßten sich ja mittlerweile in der Welt auskennnen, sollte man annehmen), sondern für das von ihnen zu werfende Leben. Als ein in irgendeiner Liebes- oder Lotternacht zwangsvereintes Leibesfrüchtchen hat man doch keine Ahnung, wie es da draußen aussieht.

Schon das Vorspiel, das zwecks Menschwerdung abläuft, ist fragwürdig: Ein rekordverdächtiges, durch alle Uterus-Kurven der Konkurrenz davongeschwänzeltes Sperma und ein fertiles Ovulum, des Siegers harrend, tun sich hastig zusammen in hingesamter Eiträchtigkeit — und man selber hat später das Nachsehen.

Das ist nicht fair. Zumal dann nicht, wenn einem, wie in meinem Fall, angeblich gleich mit der Befruchtung das Irgendwo-Nationale in die Chromosomen gelegt worden ist, so daß man unschuldig und wehrlos dazu verdonnert ist, schon bei der Geburt vom deutschen Gemein-Samen zu zeugen.

Beim Worte genommen, bedeutet »Nation«, abgeleitet von »nasci«: »das Geborenwerden«. Das »Nationale« ist mithin etwas »Angeborenes«. Aber es gibt auch Mißgeburten, denen das fehlt, was einem angeboren zu sein hat. Auf diesem Geburtsfehler beharre ich.

»Als wer wird man denn geboren?«, so muß ich mich anwalsern lassen: »Als Kind einer Familie, einer Landschaft, einer Sprache, einer Nation, eines Kulturkreises beziehungsweise Erdteils.« (Früher hätte man noch »Rasse« einer solchen Aufzählung hinzugemurmelt.)

Da mich dieser Kulturkreis kreißte, ist meine Vorbedeutschung eigentlich klar: Als Kind meiner ausgesprochen deutschnationalen Mutter müßte ich der geborene »Nasci« sein. Genau so hatte sie sich das auch gedacht.

Übrigens: »Kind« ist vom germanischen »kenda« abgeleitet — und das hieß ebenfalls: »geboren werden«. Ich übersetze mir mein Angeborenes so: Als »Menschens-Kind« gehöre ich zur menschlichen Art, bin ich Teil der »man-kind«, wie man das im Angelsächsischen noch heute nennt.

And I kindly insist to be in this kind of this kind.

5.

Eine arme deutsche Seele ersucht bei einer germanischen Ur-Mutti um eine Revision der Vorsehung

Nun kann man schwer etwas dagegen machen, daß man geboren wird. Aber wem sage ich das. Die Sache mit dem Geborenwerden haben Sie ja vermutlich auch mal durchgemacht.

Wie eingeboren, so eingeschworen: Das Nationale als passive Vor-Bestimmung separiert den neuen Erdenbürger sofort, macht ihn zum Teil einer eingeschworenen Gemeinschaft. (Später wird diese Ein- und Verschwörung mannschaftsweise uniform und unisono im Fahnen-Eid bekräftigt. Aber so etwas habe ich mir nie geleistet.)

Eine Verschwörung gegen das Neugeborene, gekreißt durch deutschen Muttermund, also eingekreist vom Vaterland: Ich habe stets versucht, mich dagegen zu wehren. Schon als Fötus habe ich protestiert.

Mein pränataler Animus ließ sich bei der zuständigen Schicksalsgöttin melden, bei einer jener Nornen, die im urdeutschen Schoße das germanische Sagen haben.

Im sagenhaften Schoße, in der urmütterlichen Urhöhle, haust seit Gründung der Firma Eh & Je das Vor-Geschickliche.

Dort bei den Urmuttis, das weiß man seit Urzeiten, hat das Irgendwo seinen Ursprung. Da lallet's und wallet's, da labert's und wabert's, da lispelt's und knispelt's. »Noch ruhen dort im Zeitenschoße die dunklen und die heit'ren Lose«, so schillert es schubbrig. (Sie fühlen es förmlich: Ein Fall von vorkindlicher Lalliteration.)

Die Glücks- oder Unglücksfeen, in deren Ur-Schoß des Menschen Los liegt, veranstalten dort ihre Vor-Sehung, eine Voraus-Schau in die Zukunft, eine schicksalhafte Fern-Seh-Lotterie: alle Angaben auch hier ohne Gewähr.

In den meisten Mythen handelt es sich bei diesen älteren Damen um Göttinnen aus der Textil-Branche. Die spinnen, die Nornen — inzwischen auch an dem roten Faden, der sich durch dieses Buch zieht.

Die griechischen Kolleginnen der Nornen hießen Moiren. Die waren in olympischen

Zeiten die zuständigen Spinnerinnen. Eine von ihnen hieß Lachesis — und das griechische »láchos« heißt wiederum: »das Los«. Platon, einer meiner athenischen Gewährsleute, berichtet, daß die menschlichen Seelen vor ihrer Geburt aus dem Schoße der Lachesis sich »Lose und Lebensabbilder« selbst zu wählen hätten, daß also jeder sich das »Leben wähle, mit dem er zusammenbleiben wird unwiderruflich«.

Bei den Nornen war dies ebenfalls Usus, ein Brauch, den man den Kriegern abgeguckt hatte — das Losen um die Kriegsbeute war der erste Versuch einer Demokratie, eine Art Zuteilung mit gleichen Chancen für alle. (Die römischen Söldner, die unter dem Kreuz um Christi Kleider losten, praktizierten das gleiche heidnisch-demokratische Spielchen.)

Derlei Lotterie hatte in der Unterwelt beziehungsweise Oberwelt des Göttlichen Anklang gefunden — zumindest solange es um menschliche Belange ging (in den göttlichen Angelegenheiten donnerte Wotan allerdings ebenso diktatorisch herum wie sein griechischer Amtskollege Zeus, vom selbstherrlichen Jehova ganz zu schweigen).

Nun bin ich aber ziemlich sicher, daß mein pränataler Animus an einer solchen demokratischen Ur-Wahl nicht beteiligt worden war. Und das war meine Beschwerde, als man meine Seele mit einiger Verspätung — ich war schon im vierten Monat — vorschweben ließ im Amt für deutsche Schicksalsfragen. Sie wissen schon, das ist dort, wo Stefan George und Heidegger auf die »graue Norn« gewartet hatten.

Die für mich zuständige Norne war auch nicht mehr die Jüngste. Als meine Seele sacht herbeischwirrte, schnarchte sie zwischen allerhand Spinngeweb und schrekkte hoch, als ich ihr vor der Nase herumflatterte. Sie sei gerade beim Aufräufeln meines Schicksalsfadens, murmelte sie unwirsch, sowas könne sie auch im Schlaf. Mit knotigen Fingern zupfte sie an einem Wollhaufen herum, im schusseligen Bemühen, daraus etwas zu entwickeln.

»Was willst du, Jungchen«, sie stutzte und prüfte noch einmal meinen Lebensfaden, »...doch, soviel steht fest, Junge stimmt, ich hoffe, daß ich dir damit kein süßes Geheimnis verraten habe...«, sie griente verhutzelt, »aber in diesen Kriegszeiten wird kaum weiblicher Nachwuchs angeliefert. Das wird hinterher wieder Mangelklagen geben... Und wir kriegen hier wieder die Schuld zugeschoben. Immer wir! Ich hätte den Job schon vor ein paar Jahrtausenden hinschmeißen sollen...«

»Entschuldigung«, unterbrach ich sie heftig, »wenn Sie sich bitte auf meinen Fall konzentrieren könnten, es handelt sich um einen Dringlichkeitsantrag. In ein paar Monaten bin ich dran, wenn Sie meinen Einberufungsbefehl nicht widerrufen.«

»Was sagt man dazu...«, keifte die Norne, »noch nicht mal geboren und pimpft hier schon großmäulig herum wie ein Hosenpisser von der Hitler-Jugend.«

»Aber darum geht es doch gerade«, beharrte ich. »Hier ist ein Irrtum unterlaufen, ich soll auf einen Lebensweg geschickt werden, den ich gar nicht gewählt habe...«

»Schicksal, mein Junge! Dein Schicksal! Erst wird man geschickt, dann schickt man sich drein. Das ist der Sinn der Sache«, brabbelte sie und zerknitterte ihre Stirn in noch einmal tausend Runzeln, »das heißt, wenn da jemals ein Sinn bei der Sache war.«

Ich blieb hartnäckig: »Aber das kann nicht mein vorbestimmtes Los sein. Ich war nicht einmal bei der Ziehung dabei.«

»Ach, ihr dummen Seelchen«, die Alte kicherte urzickig in sich hinein, »immer noch Flausen im Kopf. Das war mal, diese Lose-Zieherei gibt es längst nicht mehr. Ja, damals, als wir Nornen noch was zu sagen hatten... Aber diese jungen Götter-Schnösel, diese Emporkömmlinge, haben uns Urmütter in die Beschwerde-Abteilung versetzt — als Klage-Weiber sozusagen. Da sollen wir die hoffnungslosen Fälle abwickeln, du verstehst, solche wie dich, die mit uns in der Wolle liegen...«

»Und wenn ich mich an Ihren Vorgesetzten...«

»Wotan, o Gott, der Kerl ist doch für niemand zu sprechen, seit ihm diese Neo-Germanen den Floh ins Ohr gesetzt haben, daß er wieder was darstelle — vonwegen nordische Götterwelt und so. Mich haben ein paar von euren deutschen Denkern ebenfalls zu einem Comeback überreden wollen, natürlich nur in einer Nebenrolle. Aber nicht mit mir! Solchen Quatsch können sie doch mit 'ner ollen Frau nicht machen«, sie spuckte aus zahnlosem Greisinnen-Maul in einen Gral, der in der Nähe stand. »Diese germanischen Stammesbrüder spielen immer mal wieder verrückt. Glaub mir, ich kann dich verstehen, daß du nicht zu dieser arischen Blutsbande willst. Aber es sind nun mal deine Leute. Das hat man für dich eingefädelt.«

»Aber da muß doch was zu machen sein«, flehte ich sie an. »Kann man mich nicht um ein paar Jahre zurückstellen und vielleicht anderswo in der Welt zum Einsatz bringen?«

»Zu spät, zu spät. Was stellst du dir vor, jetzt, wo du im vierten Monat bist. Das können wir nicht endlos hinauszögern, jedenfalls gibt es keinen Präzedenzfall, zumindest soweit ich mich erinnern kann.« Sie umfaßte meine Seele mit traurig triefendem Blick. »Tut mir leid, Jungchen, du wirst ausgetragen. Steht schon alles fest: Deutsch. Arisch. Männlich. Gräßlich, ich geb's ja zu! Aber da ist nichts mehr zu machen.«

Ich fluchte einige kräftige Analien vor mich hin, die ich als junge Seele noch gar nicht hätte kennen sollen, und wollte schon ins Hoffnungslose entflattern, als mich die Norne an einem Seelenzipfel zurückhielt:

»Moment noch, Jungchen. Selbst wenn du jetzt erst mal raus mußt, da beißt die Norne keinen Faden ab, hihi, aber vielleicht kann man da später was machen. Du solltest schnell noch im hiesigen Amt für Seelenwanderung vorbeischweben und dich vorsichtshalber schon mal auf die Warteliste setzen lassen. Bei denen kann man gar nicht früh genug auftauchen. Das braucht Ewigkeiten, bis die einen Antrag bearbeitet haben...«

»Und in der Zwischenzeit, was mach' ich da?« jammerte ich hoffnungslos.

Die Norne winkte mich näher zu sich heran, mit scheeler Vorsicht in die umgebenden Unendlichkeiten äugend, obwohl wir mutter-seelen-allein waren, mich hinter vorgehaltener Kralle vertraulich besabbernd: »Du solltest irgendwann, wenn du erst draußen bist, einen Bericht schreiben über deinen Fall. Verstehst du, eine saftige Beschwerde, daß man so mit jungen Seelen einfach nicht umspringen kann. Vielleicht habe ich dann endlich mal was Konkretes in der Hand, um in diesem verschlampten Laden aufzuräumen.«

In ihrem Erynnien-Zorn (die falsche Mythen-Türe, ich weiß, aber immer noch dieselbe Abteilung) war sie richtig aufgeblüht, soweit das bei einer Göttin möglich ist, die die besten Jahrtausende schon hinter sich hat. Sie schüttelte mich mit plötzlich erwachter Energie an meinem unsterblichen Schlafittchen, was mich leicht aus dem psychischen Gleichgewicht brachte. Ihre Stimme hatte jetzt diesen eindringlichen Fügungsanspruch: »Und denk dran, Jungchen, du mußt das aufschreiben!«

Und noch einmal, es mir hexenheiser in die Seele hauchend: »Diesen Bericht, vergiß ihn nicht…«

Mit diesem im Irgendwo verwehenden Gewisper gab sie mir einen leichten Stoß, der mich wieder in die Äonen hinausbeförderte auf den direkten Heimflug in die vorbestimmte Fruchtblase.

Meiner Seel! Da sitze ich hier und lausche dieser letzten Einflüsterung nach, die mir die Norne auf die Seele gebunden hat, mit einiger Verspätung den Auftrag erfüllend — in deutscher Schreibe, in meiner Urmutter-Sprache. Jetzt also ist der Fall publik.

Norne, übernehmen Sie!

6.

Eine deutsche Mutter spricht —
erster Geschichtsunterricht
in einer Weddinger Wohnküche

Muttersprache: das, was meine Mutter sprach.

Ich höre stumm das Sprechen meiner Mutter. Ich höre sie mit einer ungewohnten Stimme reden — fast warm, eine Stimme, die nach Wachstuch und Pfefferminze riecht.

Sie sitzt am Küchentisch. Ihre doppelt beringte Witwenhand streicht mit sachter Gebärde über das blasse Grün der Tischdecke. Vom Hof her das letzte Schummerlicht des Tages. In dieses Dämmern hinein spricht sie. Sie ist wieder jung, und sie erzählt sich selber etwas Freundliches aus der Vergangenheit. Sie erzählt von Adolf. Sie lacht leise.

»Ich fand ihn schön, kann man sagen, was man will, darf man sowieso nicht mehr zugeben, doch ich fand ihn wirklich schön — auch mit diesem Schnurrbart, Rotzbremse, hat euer Vater gesagt, aber dem Adolf stand er; sicher, einige haben anfangs gesagt, das sähe komisch aus, naja, weil dieser Chaplin, dieser Komiker, auch so einen hatte, aber das war nur am Anfang, später hat das keiner mehr komisch gefunden, ich sowieso nicht, obwohl ich Bärte eigentlich nicht mag, aber bei ihm sah das nach was aus…«

Sie nickt sich selber zu: »Heute klingt es ja albern, aber ich habe geweint, als die Hildegard Lehmann einmal sagte, das sei doch ein Verbrecher, der Hitler; das war kurz nachdem die SA das Kaufhaus Tietz in der Chausseestraße ausgeräumt hatte, ja, wo heute Hertie ist. Her-Tie, verstehst du, so hieß der Besitzer: Hermann Tietz, ein Jude war das, das waren ja alles Juden vor Dreiunddreißig, die Juweliere, die Rechtsanwälte, die Kaufhausbesitzer, wo man hinguckte: Juden, Juden, Juden.«

Jetzt lächelt sie nicht mehr. Ihre Stimme klingt wieder erziehungsberechtigt: »Als Deutscher hattest du gar keine Chance mehr, irgendwas zu werden — auch bei uns im Krankenhaus, die Chefärzte und Oberärzte, aaaalles Juden, aber als deutscher Arzt kamst du gar nicht richtig hoch, als Lernschwester hab ich das schon mitgekriegt; und der Tietz, das war jedenfalls auch ein Jude, deshalb hat man wohl nach dem Krieg nicht mehr auf den Namen zurückgegriffen, Tietz, das hört man ja doch irgendwie raus, bei Hertie merkt das keiner, außer man weiß es eben. Und dort haben die SA-Leute die Klaviere aus dem Fenster auf die Straße runtergeschmissen, Reichskristallnacht war das, achtunddreißig, richtige Klaviere, das muß man sich mal vorstellen, aber diese SA-Leute hatten keine Kultur, das waren mehr Proleten; und da sagt mir doch diese Bekannte, Hildegard Lehmann, sagt die ganz ungeniert, der Hitler ist ein Verbrecher. Wir waren eingeladen bei ihr zum Geburtstag, und da sagt die das; ich meine, das war ja nicht ohne Risiko für die Frau, wir hätten sie ja anzeigen können, alles konnte man nun auch nicht sagen, aber wir hätten das natürlich nie gemacht, sie angezeigt, meine ich. Sie hat sich jedenfalls ganz schön erschrocken, als ihr das rausgerutscht war und ich auf einmal losweinte.«

Ein Kopfschütteln, verständnisinnig: »Ich habe auf dem Sofa gesessen, und die Tränen liefen mir über die Backen.Ich saß da und ich habe geheult und geheult und geheult — weil sie gesagt hat, der Adolf sei ein Verbrecher, und weil ich das natürlich auch nicht richtig fand, die Sache mit den Klavieren, und überhaupt — das mit den

Juden, die mußten ja dann irgendwann danach diesen Stern tragen und man durfte die nicht mehr grüßen, das war für uns auch nicht einfach, wir kannten auch ein sehr nettes jüdisches Ehepaar, mit denen waren wir fast befreundet, die wohnten ein paar Häuser weiter — Nummer 5, glaube ich — er war auch Rechtsanwalt, naja, ein jüdischer Anwalt, wie gesagt, andere gab's ja kaum, aber ein sehr, sehr feiner Mensch, sehr sympathisch, Heilmann hieß er, ausgerechnet, darüber haben wir immer ein bißchen gelästert, ein Jude, der Heilmann heißt, aber nett war er wirklich, er hat uns auch mal geholfen, als wir mit dem Hauswirt Ärger hatten wegen der Miete, da hat er uns einen Brief aufgesetzt, ohne das zu berechnen, also dem haben wir doch nie was Schlechtes gewünscht, und dann sollten wir den nicht mehr grüßen, ich hab das natürlich gemacht, immer habe ich ihn gegrüßt, und mir ist nichts passiert, gerade, wo es heute immer heißt, das sei eine totale Diktatur gewesen, aber eines Morgens waren die dann auch weg, verschwunden, und keiner wußte, wohin.«

Kurzes Bedenken: »Arbeitslager hieß es, aber mehr wußte man nicht, und Arbeit hat schließlich noch keinem geschadet, sagten wir immer, und das stimmt ja auch, ich hab auch immer gearbeitet, immer, nicht so wie andere Frauen, die faul zu

Hause herumsitzen, das hätte ich nie gewollt, auch früher nicht, heute geht es ja sowieso nicht anders — jedenfalls, was ich sagen wollte, ich saß da und heulte, weil ich dachte, davon hat der Führer nichts gewußt, daß die bei Tietz die Klaviere aus dem Fenster schmeißen, denn so was ist doch barbarisch, muß man sich mal vorstellen: richtige Klaviere, das muß dem Adolf irgendwer mal sagen, habe ich gedacht, dann hört sowas auf...«

Und wieder nickt sie sich zu: »So kam es dann ja auch, als die SA aufgelöst wurde nach dem Röhm-Putsch, ein Hundertfünfundsiebziger war das, der Röhm, aber das verstehst du sowieso noch nicht und das brauchst du auch gar nicht zu verstehen, so einer konnte kein richtiger Nazi sein, die gab es sowieso selten, ich meine so richtige Edel-Nazis, wirklich feine Menschen, sage ich dir, die auch heute noch zu ihrer Überzeugung stehen, auch wenn sie sich in Hitler geirrt hatten, denn das mit den Juden war nun wirklich nicht richtig, das hätte nicht sein dürfen, obwohl heute auch vieles übertrieben wird und keiner mehr davon redet, wie auf einmal die Arbeitslosen weg waren von der Straße, die Autobahnen wurden gebaut, und es gab keine Verbrecher mehr, da konnte man als Frau auch in der Nacht im Park spazieren gehen und nichts passierte, wir haben ja seit vierunddreißig hier an den Rehbergen gewohnt...«

Ihre Hand wischt über das Wachstuch: »Naja, heute komme ich mir natürlich schön blöd vor, daß ich geheult habe damals — alles wegen Adolf. Mein Gott!«

7.

Eine deutsche Erziehung: Wie ein Kind geköpft wird und man den Pferden das Denken überläßt

So bin ich unter die Deutschen geraten: Nun ja, irgendein Volk mußte es schließlich sein.

Aber man kommt ja nicht drum herum, volksnah zu sein. Als Voraus-Abteilung des Volkes lauert in den meisten Fällen eine ganze Familie auf den armen Neu-Menschen. Kaum, daß er sich mühsam den Weg ins Freie gebahnt hat, sitzt er wieder fest — im Schoß der Familie.

Dort ist er fortan eingebunden — Familien-Bande, sagte Karl Kraus. Eine Bindung, die mit einer Entbindung beginnt.

Man selbst ist ein Glied in dieser Kette, die einen an die Familie fesselt: double bind heißt das in der Familien-Therapie. Eine der häufigsten Ursachen für Schizophrenie.

In Ketten gelegt, eingekerkert in der kleinsten Zelle des Staates: Derart familiär beginnt die Verbüßung jener Vorstrafe, die man Kindheit nennt und die fast immer den Kopf kostet. Der individuelle Hirntod ist das oberste Ziel einer anständigen deutschen Erzieherei.

Das erfuhr ich früh am eigenen Haupte. Immer, wenn ich als zuweilen dickköpfiger Knabe willkürlich zu Einzelhaft verdonnert wurde — »Stubenarrest« nennt man diese drakonische Freiheitsberaubung — dann hieß es zur Begründung: Er hat wieder seinen eigenen Kopf.

Für mich hörte sich das an wie eine schlimme Krankheit. Ein Kind, das mit einem eigenen Kopf zur Welt kommt, ist in diesem Lande ganz offenbar eine Fehlgeburt. Kinder haben geköpft zu werden! Zum Henker mit ihnen!

Besonders einer meiner Großväter gab sich redliche christliche Mühe, mich um den Verstand zu bringen: »Kopf ab zum Gebet!« Das war unausgesprochen sein ständiger Befehl. Ein erzprotestantischer Zuchtmeister mit einem Herzjesu-Dogma-Tick.

Es wimmelte in dieser Familie sowieso auf allen Seiten, mütterlicher- wie väterlicherseits, von Küstern, Diakonen, Kirchen-Beamten und Theologen. Mein Vater war ebenfalls im klerikalen Dienst.

Meine deutsche Mannwerdung war somit auf das Hoffnungsvollste vorbereitet:

»Vielleicht werden, nachdem die alten Pfarrhäuser der deutschen Nation ... die Reiche des Geistigen erschaffen und hinterlassen haben, ihre Söhne dazu bestimmt sein, dem leidenden Volk den Segen der Erde zu erneuern.«

Gottfried Benn schlug 1933 dieses »Kapitel deutscher Familienforschung« auf. Sein Essay »Der deutsche Mensch« ist untertitelt mit: »Erbmasse und Führertum«. Er wollte es genau wissen: »Aus welcher Art von Familien, aus welchem züchterischen Milieu« sind jene führenden Deutschen hervorgegangen, die aus der allgemeinen Erbmasse herausragen und denen die Masse volksam auf den Fersen ist.

Sein Ergebnis: Die protestantische Theologen-Familie ist das Brut- und Zuchthaus des wahren Deutschen, »des großen Geistes von guter Rasse«. Übrigens: Dreimal dürfen Sie raten, wo Klein-Gottfried gezüchtet wurde.

Wenn ein deutscher Pfarrer sich zum deutschen Weibe legt, dann frönt er nicht der

Lust, sondern leistet Frondienst für Deutschlands Zukunft. Da wird geluthert, nicht gelottert.

Ich war schon immer dafür, auch in evangelischen Pfarrhäusern das Zölibat einzuführen.

Sie werden nach dieser Benn'schen Expertise noch mehr Verständnis dafür haben, warum ich mich aufmachen mußte, das Deutschsein zu ergründen. Die Erbmasse drängt und dräut in mir. Es ist das Omen der Chromosomen, durch das ich mich Ihnen jetzt offenbaren müßte:

Ja, ich bin's! Der deutsche Mensch! Sehet, ich bin Euch erschienen!

Doch, ach, der Schein trügt. Dieser Buchholz-Mensch ist eine Art artfremder Mutation, wie Sie inzwischen wissen, also ein national-genetisches Desaster, eine Rassenschande.

Am züchterischen Milieu kann es nicht gelegen haben. Das war rasserein bis ins letzte evangelische Arier-Glied. Und mein Großvater hat sich wahrlich jede handfeste Mühe gegeben, mir schon frühzeitig alles aus dem Kopf zu schlagen, was sich darinnen an Entartetem angesammelt hatte. Alle Voraussetzungen waren gegeben, um mich zu einem führenden Deutschen heranzuzüchtigen.

Vor diesem Christen-Opa hatte ich eine Heidenangst, wenn ich bei ihm in Ketschendorf meine Schulferien abdienen mußte. Er drohte ständig, aus mir »einen richtigen Jungen« zu machen. Ich war ihm zu »weibisch«, zu sehr aus der Art geschlagen — und er versuchte, mich in diese Art wieder zurückzuschlagen. Am eigenen Leibe habe ich erfahren, daß »Ge-schlecht« im Wortsinne das »Ge-schlagene« bedeutet. So machte ich früh meine einschlägigen Erfahrungen, noch ehe ich wußte, daß mein Großvater im etymologischen Sinne durchaus im Recht war.

Wann immer er mir eine Aufgabe übertrug, machte ich — aus lauter Angst, etwas falsch zu machen — garantiert alles falsch. Wenn mir mal wieder ein Ungeschick passiert war, kam ich zu ihm geschlichen, schlotternd und stotternd bei dem Versuch, mich zu rechtfertigen: »Aber Opi, ich dachte...«

Darauf hatte er nur gewartet: Er zog mich an den Ohren — so erfuhr ich schmerzhaft, wie man Kinder großzieht, eben Er-Ziehung —, und dann sagte er etwas ganz Seltsames, das sich mir unvergeßlich eingeprägt hat: Ich solle das Denken den Pferden überlassen, die hätten einen größeren Kopf als ich.

Sie lächeln vielleicht, aber was glauben Sie, mit welcher Ehrfurcht ich als siebenjähriger Knirps an all den Gäulen in dem brandenburgischen Kaff vorbeigeschlichen bin.

Später merkte ich: Das war alles nur ein Trick. Ich sollte lernen, daß es um meinen Kopf überhaupt nicht ging, sondern um das Über-Haupt. Es ging und geht um das Ober-Haupt, das man uns von Kleinkindeshirne an unsichtbar über den eigenen Kopf stülpt.

So dünkt uns, daß die Gedanken unserer Oberhäupter die unseren seien. Das düngt unser Denken auf fremdem Mist. Und der wird in uns reingestampft und reingestumpft, damit er aus uns rausdampft und rausdumpft: deutsche Familien-Ideologie. Auf diese Weise kommt die Herrschaft in unsere Köpfe.

Ergo: Wer sich nicht behauptet, wird enthauptet.

Die Familie als Vor-Feld des Nationalen: Irgendwann nahm ich notgedrungen den Bescheid zur Kenntnis, zwangsgebürtig nicht nur in eine Familie, sondern zugleich in eine Nation hineinverstoßen zu sein.

Ob es mir paßt oder nicht: Ich gehöre zu dieser »D«-Nation, und buchstäblich gebe ich diese Gehörigkeit zu erkennen, wenn mich eine Behörde per Formular dringlich dazu auffordert. Dennoch bestehe ich darauf, kein »D«-Formierter zu sein.

Genau dies aber verlangen jene, die in nationaler Neo-Frische aus dem Jungbrunnen der Wiedervereinigung aufgetaucht sind. Diese National-Hymnisten aus dem Stamme der Essayer ballern von allen publizistischen Fronten her mit schwerstem Moral-Geschütz auf mich ein: »Du mußt dein Deutschsein annehmen! Du mußt dich als Deutscher akzeptieren. Positiv.«

Aber ich werde mich hüten, mich derzeit von irgend etwas positiv anstecken zu lassen, besonders wenn ein »D« im Virus steckt. Was das Nationale betrifft, funktioniert mein Immun-System.

Vielleicht liegt es daran, daß ich im Wedding geboren bin, denn so richtig deutsch war dieser Bezirk nach fünfundvierzig auch nicht mehr. Er gehörte zum französischen Sektor von Berlin. Das endete erst 1990. Von meinem dritten Lebensjahr an bis zum neunundvierzigsten war ich besetzt — und da ich in verschiedenen Teilen der westlichen Teil-Stadt wohnte, waren meine Besatzer mal Franzosen, mal Amis, mal Tommys. Ich war ein Sektoren-Bürger. Soll heißen: Ich hatte genügend Nationalitäten um mich herum, ich mußte mich nicht noch mit einer eigenen dazwischendrängeln.

In meiner Familie gab es noch einen solchen »D«-Fätisten, mein US-sektoraler Schöneberger Onkel August. Der teilte jedem ungeniert mit: »Bessa mit de Amis als wie mit de janze deutsche Sippschaft. Ick sach dir: Ohne Mauer hätten wa die alle uff eenmal am Hals, die janzen Westjoten und die Brüda aussa Szone daßu. Und denn würdet wieda losjehn mit'm Reich, bloß eene Nummer weita.«

Onkel August hat den Tag nicht mehr miterlebt, als die Brüder und Schwestern über uns kamen und der Berliner Bürgermeister die drohende neue Wirklichkeit in die Worte faßte, wir seien endlich alle wieder »eine große Familie«.

Bald danach brach er an, der graue familiäre Alltag. Ständig herrscht Zoff im gesamtdeutschen Haus, weil das Haushaltsgeld hinten und vorne nicht reicht.

Der Haushaltsvorstand hatte leichtsinnigerweise versprochen: »Niemand wird es hinterher schlechter gehen als vorher.« Und die östlichen Brüder und Schwestern hatten tatsächlich angenommen, er hätte es *ihnen* versprochen.

Nichts als Ärger mit der Verwandtschaft.

Ich halte mich da raus. Gegen familiäre Zusammenrottungen jeglicher Art bin ich ohnehin allergisch. Schon bei dem Gedanken an die deutsche Familie verpickelt sich meine Psyche mit bösem Ausschlag.

Das zeigt: Die deutsche Familie ist ausschlaggebend.

Was zu beweisen war.

8.

Wie das deutsche Wesen
west in West und Ost
als so'nes und solches

Wenn ich mal von der Vermutung ausgehe, daß auch Sie sich ausweisen könnten als ein »D«-naturalisiertes Wesen, dann ist unser Kontakt ein etwas wackliger. Bittesehr, ich habe nichts gegen Sie persönlich, aber der Verein, dem Sie da angehören... also nee, ich weiß nicht...

Daß ich in demselben Club bin, macht die Sache nicht besser. Wer sagt denn, daß ich mich deshalb leiden kann. Als Deutschen finde ich mich ausgesprochen unleidlich.

In solchen Vereinsfragen bin ich immer noch Marxist. Der Marx hat einmal gesagt — um Gottes willen, ich meine nicht den Marx, den Sie jetzt meinen (verdächtig genug, daß Sie den überhaupt kennen); ich rede von Groucho Marx. Der erklärte einmal: »Ein Verein, der mich aufnähme — in den würde ich doch nicht eintreten.«

Aber wie schon berichtet: Ich bin Zwangs-Mitglied. Sie möglicherweise auch. Unser Schicksal wäre dann ein gemeinsames: Wir beide, Sie und ich, bilden ungewollt ein Volk, zwar noch kein ganzes, aber immerhin tragen wir zur Volksbildung bei.

Dann müßte Sie eigentlich, ebenso wie mich, die Frage interessieren, wem wir da zugehören. Was also ist das — ein »deutsches Volk«?

Wie es meine Gewohnheit ist, nehme ich zwecks Aufklärung das Deutsche beim Wort. Und dieses Wörtchen, das wir meinen, mitreden zu müssen — das Wort »deutsch« — leitet sich, wen wundert's, von einer alten germanischen Substanz ab, die sich selbst als Substantiv zur Eigenschaft hat. Kurz: Dieses Wort vom deutschen Volk bedeutet nichts anderes als es bedeutet.

Nichts verstehen? Nicht sprechen gut deutsch? Macht nichts. Ich erklären langsam: »Deutsch« — das kommt von »diet« her, ein mittelhochdeutsches Hauptwort; es bedeutet »Volk«. Das zugehörige Eigenschaftwort »di-utsch«, heute »deutsch«, heißt »völkisch«. Du kapieren?

Ein deutsches Volk ist ein völkisches Volk.

Ein Volk-Volk.

Mal wieder ordentlich Deutsch geredet und nicht allzu plump vertraulich: Auch wenn Sie mit mir ein Volk bilden, so ist noch lange nicht heraus, welches. Denn Sie haben soeben erfahren, was Sie schon lange wußten: Es gibt das deutsche Volk in doppelter Ausführung. Die Schizophrenie liegt uns im nationalen Gen.

Zweigeteilt — immer! Das Spaltungs-Irresein war stets ein Grundzug des deutschdeutschen Wesens.

(So wie auch wir beide in unserem Verhältnis gespalten sind: Hier das Schreibe-Ich, dort das Lese-Sie. Diese Kluft werden wir wohl kaum überbrücken, denn wie sollten Sie mir etwas vorschreiben können.)

Es handelt sich beim deutschen Wesen bekanntlich um ein Gemein-Wesen. Die Bewußtseins-Spaltung ist keine individuelle sondern eine kollektive.

Doch der deutsche Wesenszug ist überfüllt. Mag sein, daß Sie darauf nicht voll abgefahren sind, doch die anderen schon. Im Voll-Zug der Einheit waren erst die Massen am Zuge — und als es hieß »Einsteigen«, wollten alle mit.

Das deutsche Wesen hat sich sowieso immer nur in Massen wohlgefühlt. Insofern ist es als solches streng zu unterscheiden vom Individuum.

Zumal das Individuum gar keine deutsche Abstammung hat. Es kommt nicht aus den früheren Ostgebieten, sondern aus dem Lateinischen. Das Individuum ist mithin etwas Ausländisches. Deshalb spricht man auch von einem verdächtigen Individuum.

Wenn Sie jetzt meinen, daß Sie, das Individuum, mit dem deutschen Wesen deshalb nichts gemein haben, dann irren Sie.

Ins Deutsche übersetzt sind Sie, als »In-Dividuum« angeblich etwas »Un-Teilbares«, also etwas Unspaltbares. Geben Sie zu: Nichts anderes haben Sie von sich gedacht. Damit haben Sie mit dem deutschen Wesen schon etwas gemeinsam. Auch das behauptet von sich, ein Einheitliches zu sein. Und doch handelt es sich sowohl bei Ihnen, dem Individuum, als auch bei Ihnen, dem deutschen Wesen, um spaltbares Material.

Sie befinden sich in einem ständigen Zerfallsprozeß. Eigentlich waren Sie noch nie ganz intakt.

In den letzten Jahrzehnten waren die Deutschen ohnehin geteilt, also nur jeweils halb vorhanden. Soll heißen: Sie waren nie ganz da.

Wahrlich: Das gespaltene deutsche Wesen ist nicht ganz bei sich. Auch dann, wenn es bei mir ist, also im Theater. Eine Erfahrung, die ich des öfteren machen muß, wenn sich das deutsche Wesen konkret als Masse vor meiner Bühne zusammenballt. So manches Masseteilchen wird da zu meinem Leid-Wesen, weil es seine Hirnmasse nicht dabei hat. Es gibt Zuschauer, die geben vorsichtshalber ihren Kopf vorher an der Garderobe ab. Dann kommen sie ins Theater und meinen, da zu sein, doch in Wirklichkeit haben sie sie nicht alle. Deshalb wird die Grundfrage des deutschen Entertainments schon im Kasperle-Theater gestellt: »Seid Ihr alle da?«

Es geht also um die Daseins-Frage, wenn man vom deutschen Wesen spricht. Und mit dem Dasein der Deutschen ist das so eine Sache. In den tausend Jahren des Heils zum Beispiel sind die meisten Deutschen auch nicht da gewesen, jedenfalls konnte sich keiner mehr an sein Dasein richtig erinnern: Da sind wir nicht gewesen. Und da auch nicht. Und da schon gar nicht. Etwas noch nie da Gewesenes: das deutsche Volk.

Und falls wir doch irgendwo mal da gewesen sein sollten, kann ja wohl da nichts gewesen sein. Oder falls da doch was gewesen war, sind wir es bestimmt nicht gewesen.

Und das, obwohl es hieß: Am deutschen Wesen soll die Welt genesen.

Heil-degger hat das Wesentliche dazu gesagt: Dasein sei Teilnahme des Einzelnen am »Geschick« des Ganzen.

»Damit bezeichnen wir das Geschehen der Gemeinschaft, des Volkes.«

Soll heißen: »Im Kampf wird die Macht des Geschickes erst frei. Das schicksalhafte Geschick des Daseins in und mit seiner Generation macht das volle, eigentliche Geschehen des Daseins aus.«

Geschehen, Geschichte, Schicksal, Geschick — sie entspringen einem gemeinsamen wörtlichen Ursprung. Die germanische Wurzel ist »skeh« — der Sprung. Das Ge-Schehene ist das Ge-Sprungene.

Darum hat man in Deutschland zuweilen nicht alle Massen im Schrank. Das einzige, was die gespaltenen deutschen Wesen zusammenhielt, war und ist der gemeinsame Sprung in der Schüssel.

Der germanische Ur-Sprung.

Entsprungen aus der eigenen Heil-Stätte: Das deutsche Wesen ist schon deshalb schizophren, weil es ein Wesen, das nicht ganz da ist, gar nicht geben kann. Wesen und Dasein sind eins. Die indogermanische Wurzel »-ues«, aus der sich das »Wesen« herleitet, bedeutet: »anwesend sein, wohnen«.

Und wieder heideggert es aus den Tiefen des Raumes: »Das Wesen west.« Und zwar an. Im deutschen Wahn-Raum.

Der Zwie-Spalt der Einheit war programmiert. Es west in West. Es west in Ost.

Derzeit zerfällt das Wesen offenbar zu gleichen Teilen. (Und das ist nur gerecht; gilt doch die Forderung, die Teilung durch Teilen zu überwinden. So bekam jeder seinen Teil: die einen den Vor-Teil, die anderen den Nach-Teil.)

Bei solchen Verhältnissen kann man schon wirr im Kopf werden.

Es gehört allerdings zum Krankheitsbild dieser nationalen Schwerst-Macke, daß sich der Patient seiner »D«-Menz nicht bewußt ist. So nimmt er den Wahnsinn einfach nicht wahr, obwohl er ihn immer neu produziert.

Derzeit zerhackt man sich gegenseitig die Psyche: Zwei Seelen wohnen, ach, in deutscher Brust. Eine Ost-Seele und eine West-

Seele. Die Ost-Seele, versteht sich, wohnt zur Untermiete.

Ein deutsch-deutsches Wohnungs-Wesen. Dabei war das Volk nach der Wende noch gemeinsam ganz aus dem Häuschen.

Es zeigte sich aber bald, besonders für den Ossi, wie gefährlich es war, ganz aus dem Häuschen zu sein. Als er nämlich zurückkehrte und wieder in sein Häuschen wollte, saß schon der westliche Spekulant drin.

Und das alles, weil er mal kurz nicht da war. Hier haben Sie den Beweis, wie entscheidend die Daseins-Frage ist.

Übrigens: Es könnte ja sein — ich sage könnte; ich will Ihnen wahrlich nichts unterstellen —, daß Sie selber ein Ossi sind (oder eine Ossin, vielleicht sogar durch den Kommunismus erblich vorbelastet — eine Gen-Ossin also). In dem Fall seien Sie meines Mitgefühls sicher, denn in der mittlerweile erfolgreich verdrängten DDR zeigte sich das Spaltungsirresein besonders ausgeprägt — als ein Zweifeln an der umgebenden, alltäglichen Realität, als ein Verzweifeln am allseits verwickelten »real existierenden Sozialismus«.

Einerseits gab es diese Wirklichkeit für die dortigen deutschen Existenzen tatsächlich, sie war alltäglich erfahrbar; andererseits war das, was angeblich existieren sollte, nämlich ein realer Sozialismus, nicht vorhanden. Aber gerade daran — an die Existenz eines realen, einzig wahren Sozialismus — hatte man zu glauben.

Dieser Glauben war öffentlich in aller Munde: ein oral existierender Sozialismus, real-sozialistische Maulhurerei. Deshalb war diese Republik, die sich so irre sozialistisch gab, in ihrer Existenz nie wirklich real, sondern immer irgendwie irreal.

Irreal soll heißen: Sie war für die Bürger so irre real, daß viele an ihr ganz real irre wurden, zumal das Ganze irre versibel schien.

So viele Irre konnte man natürlich nicht frei herumlaufen lassen. Deshalb sperrte man sie ein — in eine große geschlossene Abteilung — bis zu dem Tag, als die Tore aufgingen und alle auf einen Plutz freigelassen wurden.

Alle Irren waren los. Da war irre was los. Und wahrscheinlich haben auch Sie gedacht, was damals alle gestammelt haben:

»Waaahnsinn!«

Das ist die sauberste Diagnose, die sich das deutsche Volk jemals gestellt hat.

9.

Wie das deutsche Volk einen großen Haufen machte und selber reintrat

Falls wir beide wirklich ver-vorurteilt sein sollten, ein Volk-Volk zu sein, dann ist es nicht ganz unwichtig (bestenfalls: halb), ein weiteres Problem zu klären.

Bei einem Volk-Volk ist nämlich die Frage von doppeltem Interesse: Was aber ist ein Volk? Und wo ist es? Wie wir sahen, ist das Dasein des Volkes ein Unklares.

Ich kann Ihnen verraten, wo Sie das Volk auf jeden Fall finden: im Wörterbuch unter »V«. Dort wird es uns so erklärt: »Volk« bedeutet zunächst nur »das Volle«, und das soll heißen, daß da so »viele« sind, daß sie einen Haufen »voll« machen.

Das Volk: ein vollgemachter Haufen. Beim Volk-Volk bedeutet das: Der eine Haufen tritt in den anderen. Deshalb auch Beitrittsgebiet.

Wenn man mit verschiedenen Haufen rechnet, nennt man das Mengen-Lehre. Da muß man mit einer Menge Leere rechnen. Die Dementia teutonica ist wie jede Demenz ein hirnorganischer Prozeß, bei dem das Großhirn sich weitzellig selber abschaltet.

Wenn deutsche Massen zusammenströmen zu einem deutschen Schicksalsstrom, kommt es unweigerlich zum Stromausfall in der Birne. Eine pangermanische Hirnfinsternis. Blackout. Deshalb haben die meisten Deutschen in Ost und West auch schwarz gewählt.

Nein, Sie natürlich nicht. Auch sonst niemand, den ich kenne, im Osten schon gar nicht. Ich habe nach der ersten gesamtdeutschen Wende-Wahl in Dresden, als ich dort auftrat, eine Volksbefragung gestartet. Wo auch immer ich das Volk ansprach, in der Hotelbar, im Taxi, im Zug: Ich habe keinen Menschen getroffen, der zugegeben hätte, die CDU gewählt zu haben.

Also wenn es in ostdeutschen Landen mal eine Wahlfälschung gegeben hat, dann muß es bei dieser Wahl gewesen sein.

Ich denke, Sie haben auch schon einmal davon reden gehört, daß wir in einer Demokratie leben. Wieder ein Fremdwort. Man benutzt es deshalb, weil die deutsche Übersetzung zu erschreckend klingt: Volks-Herrschaft. Soll heißen: In einer Demokratie schafft sich das Volk selbst — und zwar die Herrschaft.

Eine Wechselbeziehung: Die Herrschaft schafft ihrerseits das Volk. »Gemeinsam schaffen wir es!« So hatten es sich die Christdemagogen auf Wahlplakaten gegenseitig versprochen.

Nun hat das deutsche Volk in seiner wechselhaften Geschichte eine ganze Menge Herrschaften kennengelernt. Früher, in der ehemaligen Sogenannten, waren es meist ältere Herrschaften. Die hatten sich das Volk angeeignet.

Es war ihr Volks-Eigentum.

Sie kennen ja solche älteren Herrschaften... Im Lauf der Jahre hatten die sozialistischen Real-Alzheimers das Volk nahezu vergessen. Gelegentlich erinnerten sie sich dunkel: Da war doch noch was, da war doch noch was...

In weiser Voraussicht hatten sie als Gedächtnisstütze ein paar Akten anlegen lassen, um ihr Volk in Staatssicherheit zu bringen. In diesen Akten sahen sie nach — und siehe da: Das Volk fand sich wieder an.

Es fand sich aber viel zu viel Volk in den Archiven, so daß die Volkseigentümer nicht wußten, welches nun das richtige war.

Um den alten Herren in dieser Situation zu helfen, gingen ein paar junge Leute in Leipzig und Berlin auf die Straße und machten ein Hallo:

»Hallo, hier sind wir! Wir sind das Volk!«

Jetzt waren die Herrschaften erst recht verwirrt, denn solch ein Volk hatten sie noch nicht kennengelernt.

Doch es stellte sich bald heraus, daß das Volk, das da rief, es sei »das Volk«, gar nicht das Volk war. Das Volk stand nämlich — wie gewohnt, wenn sich Ungewöhnliches tut — hinter dem geschlossenen Fenster und lupfte vorsichtig die Gardine, um zu erspähen, was draußen Unerhörtes vor sich ging.

Hingucken und weggucken zugleich — aber dabei selber nicht gesehen werden: eine deutsche Sichtweise, keineswegs nur eine östliche.

Hinterher kann man immer beteuern, daß man nichts gewußt habe. Und nichts gesehen. Und nichts gehört. Und nichts getan. Daß man volklich für nichts was könne.

Ein Volk der Nichts-Tuer und Nichts-Könner. Ein Volk, das seine Vergangenheit über Nacht in Nichts auflöst. Aber das hatten wir ja schon.

Das Volk der Zuschauer und Weggucker ist auch heute wieder dabei, wenn Ausländerhatz auf dem Pogrom steht. Und wenn man nicht vor Ort sein kann, läßt man sich die Mordsstimmung möglichst live in die gute Stube übertragen.

Doch was, bittesehr, kann man diesem Schauer-Volk vorwerfen? Nichts — wie immer!

Es stimmt: Das alles klingt ziemlich volksfeindlich. Aber hegen Sie etwa freundliche Gefühle, wenn Sie diesen Haufen erleben? Spüren Sie nicht auch eine klammheimliche Ängstlichkeit? Geben Sie es zu: So ein bißchen Schiß haben Sie schon. Kein Wunder! Sie stecken mitten drin in diesem Haufen — und damit werden Sie gegebenenfalls über den Haufen gestimmt. Ganz demokratisch, versteht sich — mehrheitlich.

Das ist das Volk! Es ist die Mehrheit — und wie die entscheidet, so wird entschieden.

Daneben gibt es auch eine Minderheit, aber diese Minderheit muß, wenn sie demokratisch sein will, ganz entschieden für die Mehrheit sein. Sonst kriegt die Minderheit die Mehrheit zu spüren. Mehr oder minder. Manchmal mehr. Dann spricht man von einer überwältigenden Mehrheit.

Und jenes Völkchen, das vor dem Mauerfall gerufen hatte: »Wir sind das Volk!« — war ebenfalls nur eine Minderheit. Die Mehrheit rief — hinterher, aber dafür umso lauter: »Wir sind ein Volk!«

Nun gilt als eine typische Erscheinungsform der Demenz die Störung jener Hirnregionen, in denen das Zahlengedächtnis und die Rechenfähigkeit angesiedelt sind. Insofern war diese Bekundung eine erstaunliche intellektuelle Leistung: »Wir sind 1 Volk!« Immerhin — das Volk hatte sich schon mal durchgezählt.

Das also war die Situation. Drüben war ein Volk. Und hüben war noch eins. Nach Adam Riese: ein zweifaches Volk.

Doch auf einmal wollte dieses zweifache Volk ein einfaches Volk werden.

Bei Schizoiden hapert es bei den einfachen Grundrechenarten — besonders bei der Addition. Dabei war die Aufgabe mehr als simpel. Man hat eins und gibt noch eins dazu. Was ergibt das? Beim Volk-Volk ergibt das ein Kuddelmuddel.

Es klappt einfach nicht mit dem Dazurechnen. Dieses Volk ist nicht zurechnungsfähig.

Man kam stets zum selben Ergebnis: Eins und eins? Jawoll! Macht eins!

Die Betonung liegt auf Macht. Das weissagte einer unserer großen Klassiker, Wolfgang Neuss.

Machtvoll hallte der Ruf wie Donnerhall: »Wir sind ein Volk!«

Also, ich kann Ihnen sagen: Da war vielleicht ein Volk bei! So richtig habe ich es bei den »Deutschland! Deutschland!«-Kundgebungen in Leipzig kennengelernt, als wundersamerweise alle Aufmarschierer mit schwarzrotgoldenen Fahnen versorgt waren.

Das war sehr praktisch, weil man die Fahnenstangen gut gebrauchen konnte, als es hinterher auf zum fröhlichen Jagen ging — in die Leipziger Uni zum »Preßkohlen abklatschen«. So nennt man das, wenn mit mosambikanischen und angolanischen Studenten Fangen gespielt wird.

Auf diese Weise erlebten auch die ausländischen Gäste eine ungewohnte Bewegungsfreiheit. Hei, wie sie um die Ecken flitzten.

Allerdings — viele Ausländer trauten sich kaum noch auf die Straße, als dort die neue Freiheit ausbrach. Das war schade, weil sie gar nichts mitbekommen konnten, wenn sie nur immer drinnen hockten. Deshalb ertönte der einladende Ruf laut und lauter: »Ausländer raus!« Wir sind und waren stets eine gastfreundliche Volksgemeinschaft.

Im Dezember 1989 habe ich dieses Helden-Volk auf wilder, verwegener Jagd in der »Heldenstadt« erleben dürfen. Sie glauben mir nicht? Wahrscheinlich tun sie recht daran. Ich muß mir das eingebildet haben. Wäre so etwas passiert, hätten das Fernsehen und die Zeitungen ja ganz bestimmt darüber berichtet. Haben Sie davon in den Fernsehberichten gesehen oder in der Zeitung gelesen?

Was heißt da: Wehret den Anfängen!

Es kann doch niemand im Ernst behaupten, daß man es bei diesem Volk mit Anfängern zu tun hätte.

Vor einiger Zeit hat im Bundestag eine einsame Ruferin gemahnt: »Wir müssen ein neues 1933 verhindern.« Die anständigen Demokraten haben nur abgewunken: Ein neues 1933 — das sei schon datumsmäßig ziemlich unwahrscheinlich. Insofern funktioniert der deutsche Datenschutz.

Wir können ganz beruhigt sein: Der alte wurmstichige, braune Reichsapfel ist längst gegessen. Was jetzt geschieht, ist ganz neu. Selbst die Nazis sind garantiert frisch, absolut neo. Und diese neuen Früchtchen fallen nicht weit vom alten Stamm, zumindest nicht vom deutschen Stammbaum.

»Wir sind ein Volk!« Und was für eins!

10.

Auf der Suche nach der nationalen Identität weist uns Doktor Benn den Weg ins Irrenhaus

Schon zu Beginn unserer Reise ins ungewisse Deutschsein war mir klar, liebe Leserin, geschätzter Leser, daß ich psychischen Schaden nehmen könnte bei dieser Einwanderung in die deutsche Volksseele, die angeblich, den Angaben meines bayrischen National-Anzeigers auf dem Herrenklo zufolge, auch die meine sein soll.

Da ich wußte, daß wir auf der vor uns liegenden Strecke unweigerlich metaphysische Bereiche streifen würden, suchte ich vorher einen nationalen Geist-Heiler auf, um mir eine Wegweisung zu holen.

Selbstverständlich handelte es sich um die oberste Kapazität auf diesem deutschgeistigen Gebiet — wenn schon, denn schon. Ich war also in der Praxis des Dr. Gottfried Benn, meinem Bruder im Geiste deutscher Theologen-Söhne.

Wahrscheinlich wissen Sie, daß er ein richtiger Herr Doktor war — als Arzt auf Haut- und Geschlechtskrankheiten spezialisiert (auf diesem Gebiet sollte man sich ebenfalls raten lassen, dachte ich mir; wer weiß, was man sich unterwegs im Irgendwo so alles holen kann). Aber auch bei deutschen Nervenleiden, besonders bei ästhetischen Absonderungen dichterischer Art, hatte sich Dr. Benn einen Namen gemacht in den entsprechenden empfindsamen Kreisen. Seine kurze Abhandlung »Vom Reisen« wies ihn zusätzlich auf dem Gebiet der touristischen Heilkunde als einen Spezialisten aus.

Ich tauchte bei ihm in der Maske eines intellektuellen Zeitgeistlichen auf, so daß er keinen Verdacht schöpfte, wen er da in Behandlung hatte. Er horchte zunächst mein Inneres aus, mich lyrisch stethoskopierend mit der Aufforderung, ihm was zu husten, derweil er mit energischem Knöchel an meine Rippen pochte. Sofort erkannte er, daß es ein ernsteres Dräuen war, das sich in meinem Busen angeseufzt hatte. Und so sprach er im eigenen Brustton der Überzeugung:

»Meinen Sie in Havanna,
weiß und hibiskusrot,
leuchtet ein himmlisches Manna
für Ihre Wüstennot?«

Ich konnte ihm sogleich versichern, daß Kuba gewiß nicht auf meiner Reiseroute läge; waren doch meine hibiskusroten Maienträume seit langem verwelkt. Ach, vorbei jene Zeiten der mitreißenden, kubanischen Fidelitas, die mich das revolutionäre Manna als Speisung der Hunderttausenden noch erhoffen ließ — anders als bei der kärglichen Ab-Speisung in der nahen deutschen Grau-Zone, wo die edle Kunst der Dialektik so weit verkommen war, daß aus den Widersprüchen nur wieder und wieder Sprüche herausgekloppt wurden, von denen das Volk längst überfüttert war — und langsam alles satt hatte.

Nein, so erklärte ich Doktor Benn, es handele sich bei mir um eine Einreise menscheinwärts, also in Richtung Buchholz — mit dem Ziel, meiner nationalen Identität, also meinem deutschen Ich auf die verheimlichten Schliche zu kommen.

Dieses Reiseziel lobte Dr. Benn ausdrücklich. Fernreisen würden sich in diesem deutschen Fall ohnehin nicht empfehlen. Alles Herum-Irren in der Fremde bringe nichts.

»Ach, vergeblich das Fahren.
Spät erst erfahren Sie sich.
Bleiben und stille bewahren
das sich umgrenzende Ich.«

Und wie er dies sagte, hatte er ein seltsam irres Flackern in den Augen, als hätte er seinesgleichen vor sich. Ich spürte plötzlich: Er sprach dies zu einem hoffnungslosen Fall, zu einem unheilbar im deutschen Geiste Verwirrten.

Er hatte mich eingewiesen in die Klaps-Mühle meines Ego mit der Maßgabe: »Bleiben und stille bewahren«. Das deutsche Ich hat sich demnach selbst in eine Bewahranstalt gesteckt.

Wir sind es, die vor der Anstalt Wache schieben sollen. Dr. Benn hat uns zu den Irrenwärtern des Ichs bestellt, zu Ich-Verwahrern. Uns ist anbefohlen, dieses unser deutsches Ich tagaus, nachtein zu schützen — und nicht nur das Ich, sondern auch uns, und zwar vor ihm.

Denn in seiner autistischen Umgrenzung neigt das Ich zu gewaltsamen Ausbrüchen.

Sollte sie also hier, im blanken Wahnsinn enden, die Suche nach dem deutschen Ich? Oder könnte es gar sein, daß diese Identitätssuche selbst eine der Ursachen für das germanische Spaltungs-Irresein ist?

»Wenn Sie derart über unser Volk herziehen... wie vereinbaren Sie das eigentlich... nun ja, mit Ihrer nationalen Identität?«

Es war zunächst diese Auskunft, die der CSU-Landsmann auf dem WC irritiert von mir eingefordert hatte.

Was ich mit einer nationalen Identität, sofern ich eine hätte, anfangen sollte, wüßte ich gar nicht. Ich habe es schon schwer genug, mit mir selber identisch zu sein. Manchmal, wenn ich morgens in den Rasierspiegel hineinblicke, überlege ich verschreckt: »Ist das nun der Typ, mit dem du abends ins Bett gegangen bist?«

Was uns zeigt, daß nicht jeder mit jeder Identität zufrieden ist. Schließlich, wenn man sich schon eine Identität leistet, dann soll sie auch ein bißchen was hermachen.

Sie haben recht: Derart albern kann man einer Identität nicht zu Leibe oder zu was-auch-immer rücken (denn es dürfte sich wohl mehr um ein geistiges Phänomen, also um ein körperloses Schemen handeln). Immerhin: Der profane Rasierspiegel gibt uns einen Hinweis, wie wir dieses Phänomens ansichtig werden könnten.

Identität ist nämlich eine reine Ansichtssache. Das besagt schon das Wort »Identität« von sich selber — und ich gehe kühn erst einmal davon aus, daß zumindest die Identität identisch ist mit sich selbst, also mit dem Begriff, in dem sie sich darstellt.

Dieser Begriff ist abgeleitet von einem alten lateinischen Zeigewort — »idem de!« Und das heißt nichts anderes als — »der da!«

Identität — übersetzt in deutschen Klartext — bedeutet: die Der-da-igkeit.

Eine wörtliche Be-Deutung. Da deutet einer mit dem Finger auf sein gespiegeltes Konterfei. Und das Konterfei deutet zurück.

Zweie spießen mit gezücktem Zeigefinger aufeinander. Das ist das Doppelspießige der Der-da-igkeit: Sie ist zwei-deutig.

Dabei geht es gerade in der Identität um das Eindeutige. Die zwei, die sich da etwas bedeuten, wollen ja eins sein. Justament dies ist das Dilemma: Identität setzt zunächst eine Spiegelung voraus.

Eine Verdoppelung, die einen Vergleich ermöglicht: Der da ist der Gleiche wie ich. Der da bin ich. Dabei weist man mit dem Finger von sich selber weg. Erst das Spiegelbild weist wieder auf einen hin.

Der Vergleich wird zu einer Gleichung mit zwei Unbekannten: Zweimal Ich gleich Ich. Der Verdacht, daß man sich dabei mit sich selbst verrechnet, nagt in allen Ichs. Daß erst einmal Stücker zwei notwendig sind, um eine einzige Identität zusammenzuschustern, das bringt einen (also die zwei: das Ich-Ich) ganz übel ins Grübeln. So kommt man mit sich selbst in Zwiespalt — und das nur deshalb, weil man unbedingt eins sein will mit sich selbst.

Die Zwiespältigkeit ist also Voraussetzung der Einheit. Das Ich-Ich ist die Zwickmühle, in der jedes Individuum zermahlen wird, auch Sie.

Bei diesem Volk-Volk wird der Zwiespalt noch einmal ins Überdimensionale übertragen.

Apropos — mir fällt gerade eine Geschichte ein. Die ist einem nahen Verwandten von mir passiert — Sie haben vielleicht schon von ihm gehört. Er heißt Narziß. Der kam einst im Gebirge an eine stille Quelle und wollte dort seinen Durst stillen. Doch plötzlich erwuchs in ihm ein »anderer Durst«, wie von einem gewissen Ovid berichtet wird.

Unter sich im Quellwasser erblickte Narziß das Bildnis eines wunderschönen Knaben, in den er sich unsterblich verliebte, so daß sein Wunsch sehnlicher und sehnlicher wurde, diesen Knaben zu küssen und sich mit ihm zu vereinen — eine Ein-Heit zu sein.

Ein-Heit heißt wörtlich: die eine Erscheinung, etwas, das als eins erscheint. (Das deutsche Anhängsel »-heit« oder »-keit« war früher als Hauptwort geläufig und bedeutete »die Erscheinung«, «das Helle«, was bei uns heute noch sprachlich durchscheint, wenn es heiter ist.)

Das Bild vom scheinbar Einen, das Narziß vom Quell reflektiert wird, diese Selbst-Reflexion, bringt ihn in schwere Schwulitäten, eben weil er mit sich identisch sein will. Er süchtet nach sich selbst. Selbst-Sucht: der Wunsch nach Identität.

Das Dumme — oder wie man meist sagt: das Tragische — für unseren Narziß ist nur, daß sein Selbst an einem anderen Ort ist, vor ihm im spiegelnden Wasser. Es ist gerade die Kluft zwischen Narziß und seinem Selbst-Bild, die seine Liebe so schizophren macht.

Das Ende kennt man: Die Selbst-Versenkung des Narziß. Tief und tiefer beugt er sich hinunter, um die Lippen des anderen dort unten in der Quelle zu erreichen, der sich ihm immer näher entgegenstreckt.

Narziß konnte mit sich selbst nur eins werden, weil er sich auslöschte — und damit zugleich sein Selbst im Spiegel. Ein Doppelmord aus Sehnsucht nach Ein-Heit.

Narzissens letzte Worte: »Jetzt sterben wir beide, vereinigt in einem einzigen Hauch.«

Nun weiß auch ich, daß dieser Knabe ein Grieche war — und Sie fragen natürlich zu recht, was so ein Ausländer mit unserer deutschen Identität zu schaffen haben sollte. Sie ahnen, in welche argumentative Hinterhältigkeit ich Sie locke, wenn ich jetzt wieder die nationale Identität zur Sprache bringe, und zwar zu meiner Sprache — als nationale Der-da-Ich-keit.

Denn dieses gespaltene Volk-Volk hat Narzissens Spiegel-Spiel nachgespielt.

Ossi-Ich und Wessi-Ich wünschten sich sehnlichst, ein Ich zu sein.

Ein-Ich-Keit.

Zu DDR-Zeiten war der Fernsehschirm Spiegel der östlichen Sehnsüchte — besonders beim westlichen Werbe-Fernsehen. Durch die betörende Werbung wird der Wunsch übermächtig: »Ich will sein wie die da.«

Wer denkt in so einer Situation noch an das warnende Beispiel des Narziß: Daß die Vereinigung den Verlust der eigenen Identität bedingt, daß die Hingabe an den Anderen die Selbstaufgabe verlangt — und zwar gerade von jenem, der die Vereinigung am meisten begehrt.

Es ist müßig, hinterher auf ein angebliches Trugbild zu schimpfen, auf daß man hereingefallen sei. Das Bild hat nicht getrogen. Es war nur da. Als Bild der eigenen Begierde. Erst wenn man beginnt, diesem vorgespiegelten Bild nachzustreben, verfestigt sich das Sehnen nach der Vereinigung mit dem Vorbild zu einer trügerischen Ein-Bildung. Besoffen vor lauter Ein-Heit steht einem irgendwann das Wasser bis zum Hals.

Die nationale Identität ist im Alltag längst zur schizoiden Der-da-Ich-keit geworden.

Der Ossi zeigt jammernd auf den Wessi und der Wessi jaulend auf den Ossi, und beide beschimpfen sich gegenseitig: »Alter Ego!«

So bezichtigen sie sich wechselseitig und spiegelverkehrt der Selbst-Süchtigkeiten, wimmern und winseln unisono: »Der da macht mich fertig!«

Nun soll Identität etwas sein, das fertig da ist — etwas einheitlich Vollendetes, etwas Fertig-Gemachtes. So ward es uns auch im Grundgesetz prägeambelt, wo »das ganze deutsche Volk« aufgefordert wird, »die Einheit zu vollenden«.

Das ist der Verfassungsauftrag, der mit völkischer Inbrunst erfüllt wird. Das deutsche Volk vollendet sich gegenseitig. Eben: Es macht sich fertig.

Deutsche Identität: der vollendete Schizo-Wahnsinn.

Das schafft das Ossi-Ich, und das Wessi-Ich fühlt sich nicht minder geschafft, seit man die Einheit geschafft hat.

Wenn auch die Einheit nach innen hin nicht funktioniert, will man zumindest nach außen hin so tun, als ob: Ein westliches Neben-Ich und ein östliches Unter-Du spielen zusammen Super-Wir.

Die Seelen-Not des Ich wird aufgehoben ins Völkische und ist damit im Völkischen aufgehoben — im großen Wir-Gefühl.

Hier gibt es keine Identitätsprobleme mehr. Sich selbst in der weltweiten Wiederspiegelung seiner Einheit betrachtend, erkennt das Wir in stolzer Erregung: »Wir sind wieder wer!« Im hier zu behandelnden Fall: »Wir Deutschen«.

»Wir sind EIN VOLK!«

Es gab eine große deutsche Zeit, da wurde die nationale Identität noch deutlicher formuliert — als eine Wunderformel der ersehnten EIN-Heit:

»EIN Volk! EIN Reich! EIN Führer!«

So findet das kleine, verrückte Ich des Einzelnen seine höhere Bestimmung, wie es der Seelen-Heiler Dr. Benn bestimmt, »im großen Gefühl für Opferbereitschaft und Verlust des Ich an das Totale, den Staat, die Rasse, das Immanente«.

Der Einzelne, der als Vereinzelter mit sich selber nicht zurechtkommt, verrückt damit sein Ich in ein »mythisches Kollektiv« (so Benn 1933), in »das Unsere« (so Strauß 1993).

Verrückt und verzückt vom Spiegel-Bild des führenden Ich, jubelt er dem sein Seelen-Heil zu, sich selbst opfernd auf dem Altar, auf der nationalen Weihestätte.

Im Sportpalast der Volksseele müssen nur die richtigen Fragen gestellt werden: Wollt Ihr das totale Ich? Und im nationalen Urschrei kommt die Antwort:

HEIL-ICH! HEIL-ICH! HEIL-ICH!

Ein deutsches Ich als sich umgrenzendes Wir — und das neigt zu Ausbruchsversuchen, wie von Dr. Benn schon diagnostiziert. Raus aus den engen Grenzen! Hinein ins Grenzenlose! Die restliche Welt hat das deutsche Wir-Gefühl schon öfter zu spüren bekommen.

Ein gelegentlich überfälliges Wir. Und dennoch ist es historisch falsch, wenn behauptet wird, wir Deutschen hätten unsere Nachbarn zuerst überfallen. Neuere psycho-historische Untersuchungen haben ergeben:

Nicht wir haben die anderen zuerst überfallen. Nein: Zuerst überfiel Es uns.

Ungeklärt ist bislang die Frage: Was war Es?

Es ist anscheinend das Es im Wir, das sich erst zeigt, wenn Es ausbricht mit uns — immer dann, wenn wir unser Wesen treiben, unser deutsches. Genauer: Es ist das unbewußte Unwesen, das Es mit uns treibt.

Denn Es ist uns wesensfremd, zumal Sigmund Freud auch nicht gerade ein reiner Arier war.

Das Es: der urböse Feind, das Nicht-Unsere, ein undeutsches Alien. Der jeweilige Name wechselt, doch findet Es seine konkrete Gestalt stets im Fremden.

Der Volks-Weise Karl Valentin sagte einmal, dem Volk auf das Maul schauend: »Einen Fremden erkennt man schon daran, daß man ihn nicht erkennt.«

Es ist etwas Unheimliches an ihm, etwas Schauerliches, Bedrohliches — besonders, wenn der Fremde nicht allein ist, sondern noch andere Fremde bei ihm sind.

Dann überkommt Es die Volksseele. Die mühsam aufgeschütteten, umgrenzenden Dämme des derzeitigen demokratischen Wir brechen. Die Schleusen öffnen sich und alle Übergänge werden fließend — hin zum ganz alltäglichen Faschismus.

Es Es-kaliert.

Es wird aber als eine fremde Naturgewalt erlebt. Sie haben Es doch gerade selber erlebt. So lange ist Es noch nicht her, so daß Sie sich gewiß daran erinnern können, wie urplötzlich diese »Asylanten-Flut« über das deutsche Wir hereinbrach. Sie schwappte über die Titelseiten der Zeitungen, überflutete die Fernsehschirme und stieg und stieg — dem nationalen Wir immer mehr zu Kopf.

»Asylantenflut«: Nur noch mühsam hält sich der Herrenmensch, der Kulturheroe auf seinem Eiland über Wasser. Um ihn herum strömt das aus- und widerwärtige Geglibber, dieses eklige Gewimmel und Gewusel, diese fremde Masse Mensch. Was heißt hier Mensch? Mehr Mansch als Mensch. Das Fremde, das Es.

Es hockt und haust allerorten. Es hat uns umzingelt. Überall kauert und lauert Es.

Deutschland, Deutschland, überall Es!

Das ist auch der historische Ablauf gewesen, als das umgrenzte, das beschränkte Wir unbeschränkt wurde und die Grenzen durchbrach:

Erst kam Es über uns — und danach kamen Wir über die anderen. Es war nie unsere Schuld.

Hören Sie die Signale? Die arme deutsche Seele funkt in totaler VerWIRung immer noch — heute wie damals in identischen Zeitzeichen:

Es-oh-Es!

11.

Ein deutscher Kopf
geht zu *Bruch,*
weil das einheitliche Schicksal
über ihn hereinbricht

Liebe Leserin! Werter Leser!

Ich schreibe diese Zeilen, weil ich etwas enttäuscht bin, von Ihnen schon so lange nichts gehört zu haben. Die ganze Zeit schreibe ich an Sie; Sie aber schreiben nie zurück.Andere sind nicht so schreibfaul. Ich bekomme zum Beispiel regelmäßig Post vom deutschen Volk — zumindest dann, wenn ich ihm mal wieder per Tele-Vision auf den Sender gegangen bin, weil mir das rechte Sendungsbewußtsein fehlt.

Ich würde auch gerne auf diese Karten und Briefe antworten, doch das deutsche Volk ist wohl viel unterwegs. Deshalb schreibt es fast immer ohne Absender.

Diese Schreiben beginnen häufig mit der höflichen deutschen Begrüßungsformel:

»Du rote Drecksau!« Nun ja, es handelt sich vielleicht nicht direkt um Fan-Post, obwohl das Du von Vertrautheit und menschlicher Nähe zeugt. Da es sehr private Vorschläge sind, die mir die Schreiber unterbreiten — bis hin zum Angebot aktiver Ablebenshilfe —, will ich die Intimität wahren und auf die Inhalte nicht weiter eingehen, um niemanden durch Indiskretion zu verletzen.

Bitte glauben Sie nicht, daß ich diese Leute nicht verstehe, die mir ihre Empfindsamkeiten mitteilen. Im Gegenteil: Ich verstehe sie nur zu gut!

Gerade das ist mein Dilemma mit diesem Volk: Ich kann es verstehen! Deutsch ist die einzige Fremdsprache, die ich gelernt habe; ich habe darum keine Verständnis-Schwierigkeiten, wenn das deutsche Volk mir etwas zuspricht oder zuschreibt.

Ich habe mich stets geweigert, weitere Fremdsprachen zu lernen. Noch mehr Völker will ich nicht verstehen können. Wer weiß, wie die sind. Mir reicht das eine.

Von wegen Völkerverständigung. Ohne mich!

Jetzt haben Sie es schriftlich: Besonders ausländerfreundlich bin auch ich nicht.

Schon gar nicht, wenn ich im Ausland bin. Genaugenommen bin ich allerdings dann, wenn ich dort bin, schon nicht mehr im Ausland, sondern in einem anderen Inland.

Übrigens, auch dieses Schreiben erreicht Sie aus sicherer Entfernung. Ich habe mich zur letzten Verfassung dieser Epistel aus Deutschland zurückgezogen — dorthin, wo man als nestflüchtender Skribent noch ein gewisses geistiges Zuhause hat — nein, ausnahmsweise nicht in die Toskana, aber dicht dabei, also nach Irland.

Hier im keltischen Kult-Kreis, wo sich Land und Leute noch so zu benehmen wissen, wie Heinrich Böll ihnen das vorgeschrieben hat, ist die Welt für einen deutschen Schreiber noch in allergrünster Ordnung. Im einsamen Cottage vorschriftsmäßig verhüttet, grüble ich mich hinaus in die irische Nacht, mein Deutschsein suchend, kehre aber meist sehr schnell zurück ins Homesweethome. Es regnet draußen sowieso in Strömen. Und das seit drei Wochen.

Ich bin eigentlich eher — das wissen Sie — der sonnige Typ. Zu meinen bevorzugten Inländern gehören die von der südlichen Sorte. Wenn ich dort meinen Aufenthalt nehme — so drückt man das bei deutschen

Denkern aus —, verhocke ich den Tag am liebsten in Straßencafés, um dort in aller Ruhe zu lesen. Nirgends fühle ich mich so ungestört wie an solchen Orten. Selbst wenn das Lokal vollbesetzt ist, fühle ich mich dort herrlich allein. Denn was all die anderen Um-mich-Herumsitzer schwätzen oder schwafeln oder schwadronieren, davon verstehe ich kein Wort.

Gewiß wird dabei auch dummes Gehechel und Gehetze sein — rassistisch oder sexistisch oder sonstwie blödistisch. Aber da ich nichts verstehe, regt mich nichts auf. Ich nehme es als Folklore.

Doch es kommt, was kommen muß — und das haben Sie garantiert auch schon erlebt... Irgendwann rückt sie unweigerlich an, die deutsche Durchschnittsfamilie mit ihren durchschnittlich zweikommavier Durchschnittsblagen — und selbstverständlich lassen sich die Leute am Nebentisch nieder. Immer setzen sie sich an den Nebentisch! Und sofort beherrscht die deutsche Erziehungsberechtigung den Raum.

»Nein, eine Cola kriegst du nicht. Du hattest vorhin eine Cola, das reicht. Und jetzt setz dich erst mal anständig hin! Hörst du nicht, du sollst dich anständig hinsetzen! ANSTÄNDIG hab ich gesagt! Und nimm die

Ellenbogen vom Tisch! DIE ELLENBOGEN SOLLST DU...«

Und ich sitze stumm am Nebentisch, verdonnert zum zwangsweisen Zuhören. Und plötzlich ist da dieses vulkanöse Gefühl in meiner Magengrube, dieses untergründige Grollen und Grummeln. Ich spüre, wie es in mir hochsteigt, wie es zu kochen beginnt, wie es brodelt... Ich kann es nicht verhindern! Mit eruptiver Urgewalt bricht — mitten in diesem anderen Inland — der blanke Ausländerhaß in mir aus.

Nein, ich werfe nicht mit Gläsern oder Tassen. Ich ergreife die Flucht, um Schlimmeres zu verhüten.

Sie haben es wahrscheinlich vermutet. Ja, ich bin ein Feigling! Aber haben Sie sich schon einmal mit einem deutschen Familienvater angelegt, wenn der gerade seine Erziehungsgewalt ausübt?

Ich schreibe Ihnen das, weil ich es irgendwem einmal sagen muß, daß ich des öfteren ziemlich mutlos bin. Nicht nur, wenn ich die deutsche Familie treffe. Mit dem deutschen Volk geht es mir nicht anders.

Ich mache vorsichtshalber einen großen Bogen um dasselbe. Bin ich doch vorgewarnt durch das Grundgesetz, das mir drohend ankündigt: Alle Gewalt geht vom Volke aus.

Nun sagen Sie mir wahrscheinlich, daß ich mich dem stellen soll wie ein Mann. Sie haben gut reden. Ich hingegen rede Schlechtes — zumindest von diesem Volk. Mich würde wundern, wenn es auf mich besonders gut zu sprechen wäre.

Ich werde mich also hüten, dem Volk die Wahrheit lauten Halses ins Gesicht zu sagen, gesetzt den schlimmen Fall, ich würde es treffen. Allzu schnell zeigt sich das Volk getroffen, wenn man es trifft — und dann teilt es selber die Treffer aus.

Was ich hier als Volkskunde scheinbar mutig von mir gebe, das schreibe ich fernab vom Volke, in einsamster irischer Umnachtung in meiner traulichen Schreibstube. Und ich schreibe es nur Ihnen.

Auch Sie, liebwerte Leserin, geschätzter Leser, sind hoffentlich mit sich allein, verrammelt und verriegelt alle Türen, wenn sie dieses mein Machwerk heimlich zu sich nehmen — oder, um es im neueren Platt-Deutsch zu sagen, wenn sie dabei sind, es sich reinzuziehen.

Je geschlossener die Räume, desto offener sind Wort und Witz im Deutschen.

Auf offener Straße jedenfalls ist es nicht ratsam, mit diesem Volk Fraktur zu reden. Das Volksbegehren könnte danach trachten, für eine Fraktur der morschen, zitternden Kritikerknochen zu sorgen.

Bei allzu lockeren Reden kann unverhofft ein Nasenbein zu Bruch gehen. Damit zumindest muß man rechnen. Bruchrechnen — eine freiheitliche Rechenart.

Das Unberechenbare kann unversehens über den Zeitkritiker hereinbrechen, wenn er das Unverbrüchliche des deutschen Seins ins Lächerliche zieht. Ich weiß, wovon ich rede, denn ich habe den deutschen Umbruch am eigenen Leibe erfahren — als gebrochener Mann.

Das kam nämlich so, wenn ich Ihnen das kurz noch schreiben darf, denn vielleicht kann ich so dieses schmerzliche Erlebnis endlich verarbeiten: Im Januar 1990 verlangte die deutsche Wende-Zeit von mir, daß ich ein neues Satire-Stück verfasse. Um mich in entsprechende Verfassung zu bringen, zog ich mich wieder zurück in ein befreundetes südliches Ausland — nach Bayern.

Dem Zeitkritiker bieten sich dort ideale Arbeitsbedingungen. Ist doch das Bayrische ein nahezu progreß-freier Raum. Zumindest auf dem Lande. Gerade in den Landgasthäusern, wo ich mich zum Werken gerne aufhalte, wird man nicht allzusehr gestört von fortschrittlichen Gedanken — zumal ich auch die auf aus-, also alpenländisch nicht verstehen würde. Da muß man schon Selbstverpfleger sein.

Nun haben Sie wahrscheinlich keine Vorstellung davon, wie es beim Dichten und Denken so zugeht. Also, bei mir geht es am besten, wenn ich dabei gehe. Ich gehe meinen Gedanken nach — in der Hoffnung, den einen oder anderen noch zu erwischen. Es gibt berühmte Vorgänger für diese Art des Nachgehens. Sie erinnern sich vielleicht, wie Goethe zum Beispiel das Dichten anging:

»Ich ging im Walde so für mich hin
und nichts zu suchen, das war mein Sinn.«

Nichts anderes tat ich dort im Bayrischen. Ich ging im Walde für mich hin — für wen sonst hätte ich dort auch hingehen sollen? — und suchte nach einem Sinn, obgleich ich nach Goethes Anweisung dort nichts zu suchen hatte.

Dabei muß ich wohl über einen meiner abwegigen Gedanken gestolpert sein. Der brachte mich zu Fall. Ein deutscher Kniefall, wie sich herausstellte.

Das kann passieren in zeitgeschichtlichen Umbruchsituationen. Da schreit der Satiriker jäh auf, weil sich die Zeit überstürzt und er sich mit ihr. Sowas kommt von sowas — wenn man seinen Gedanken zu freien Lauf läßt.

Ich habe gelernt: Wenn man nicht an die deutsche Sache glaubt, muß eben das Schienbein dran glauben.

Nun wird mir zuweilen vorgeworfen, daß die meisten meiner lachhaften Gedanken viel zu kopflastig seien. Doch nie hätte ich geglaubt, daß diese Kopflastigkeit bis in mein Knie hinunterreicht.

Im Krankenhaus stellte man nämlich einen Schienbeinkopfbruch fest. »Caput tibiae«, sagte der Arzt. Man bricht sich ja nie was auf Deutsch.

Daß was kaputt war, wußte ich selber. Aber ich wurde aufgeklärt: »Caput« ist lateinisch und heißt: »der Kopf, das Haupt«.

Was lernt uns dieses? Daß es gefährlich ist, sich laufend über Deutschland den Kopf zu zerbrechen.

Von »caput« ist auch »Kapital« abgeleitet. Deshalb redet man auf marxistisch vom Hauptwiderspruch, vollkommen zu Recht:

Ging doch im deutschen Osten erst einmal alles zu Bruch. Zunächst die Kapitulation, dann die Re-Kapitalisierung.

So wurde die kapitale Vereinigung übers Knie gebrochen und dem Ossi kräftig vors Schienbein getreten. Man schubste die östlichen Bürger in die freie Marktwirtschaft hinein, wie man eine olle Frau die Treppe hinunterschubst — und dann noch hinterher ruft: »Hals- und Beinbruch!«.

Wie heißt es so volksmundig: Wer zuletzt lacht, lacht im Westen.

Ich hab das Ossi-Schicksal am eigenen Knie vorweggenommen: Caput tibiae!

Als der Arzt sich mein gebrochenes Schienbein auf dem Röntgenbild ansah, meinte er mit einem absolut gemeinen Grinsen über beide Backen, also von gesamtdeutschen Ausmaßen: »Was zusammengehört, muß zusammenwachsen.«

Und so etwas muß man sich sagen lassen, wenn man ganz und gar hilflos ist.

Als Zeitkritiker hinkte ich der neuen Zeit nur noch mühsam hinterher. Ein heimatloser Hinker. Wen wundert es, wenn mein Verhältnis zu den neuen deutschen Verhältnissen ein gebrochenes war. Das machte zugleich den satirischen Reiz aus — eben: einen gewissen Brechreiz.

Deshalb also schreibe ich Ihnen, damit Sie wissen, was ich erlitten habe und worunter Sie hier mitzuleiden haben: Meine Gebrochenheit macht auch mich zum Schizo-Fall.

Ich teile das gesamtdeutsche Schicksal. Und das Schicksal teilt mich. Als Tor aus der alten und neuen Mir-reicht's-Hauptstadt bin ich nach wie vor gespalten in meiner ost-westlichen Mitt-Teilung: ein immer noch geteilter Narr.

So! Jetzt wissen Sie, wie es mir geht — halbwegs. Entsprechend halbherzig wünsche ich Ihnen das gleiche.

In der Hoffnung, daß Sie zumindest in der Zwischenzeit nicht mit mir gebrochen haben, verbleibe ich bis zum nächsten Kapitel unverbrüchlich — als Ihr halber Narr.

Ihr deutscher Semi-Narr!

12.

Der Autor entdeckt einen kleinen Rep in seinem Ohr und weist ihn sofort aus

Sie haben ja recht! So geht das nicht! Zumindest kann es so nicht weitergehen!

Ich ziehe über das Volk her und vergesse dabei, daß Sie, liebe Leserin, verehrter Leser, sich hin- und hergezogen fühlen müssen.

Um das klarzustellen: Sie habe ich natürlich mit keinem Wort gemeint. Mich übrigens auch nicht. Ich bitte Sie!

Wir machen uns doch nicht mit diesem Volk gemein. Volk sind immer die anderen. Man selber nie. (Eine Erfahrung, die ich an manchem Abend auch im Theater mache, wenn Besucher mich nach der Vorstellung ansprechen und meinen: »Das war aber heute ein lahmes Publikum!« Daß sie selber dringesessen haben, ist ihnen dabei entfallen.)

Als aufgeschlossene, intelligente Menschen dürfen wir uns gegenseitig versichern:

Wir sind kein Volk.

Sie haben es vielleicht bemerkt: Gelegentlich rutscht mir beim Schreibdenken schon mal der Ausdruck »wir Deutschen« durch, und das wird sich in den folgenden Kapiteln noch schwerer vermeiden lassen. Ohne hier auf die feineren Unterschiedlichkeiten zwischen kollektiven, generellen oder distributiven Pluralismen einzugehen, wollen wir doch festhalten: Mit diesem »Wir« sind generell weder Sie noch ich gemeint.

Es handelt sich gewissermaßen um einen exklusiven Plural, ein Phänomen, das von der deutschen Sprachlehre bislang übersehen wurde. Nicht nur Sie, liebe Leserin, lieber Leser, brauchen sich als Angesprochene von diesem »Wir« nicht angesprochen zu fühlen; nein, aus dieser Mehrzahl schließt sich der Sprechende, der Autor selber aus. Das »Wir« als absoluter Numerus clausus.

Ein virtuelles »Wir«: der scheinbare Zustand eines Quantums. Zwar wissen wir, daß diese »Wir-Deutschen« existieren, doch ganz sicher nicht in unseren Kreisen.

Wenn wir darum schreiben oder lesen »Wir Deutschen«, dann steht für uns eines ganz fest:

Wir sind es nicht! Denn wir sind gaaanz, gaaanz anders!

Wir gehören nicht zu diesem Volk von Gehirn-Pygmäen, zu diesen Kleinkleinbürgern, zu diesen bregenversiegelten, herzverklappten Gartenzwerg-Teutonen. Wir sind die besseren, wenn nicht sogar die guten Menschen in diesem Dumpfland.

Wir sind die wirklichen Demokraten. Was ja nicht heißt, daß wir nun ständig auf die Straße rennen, um gegen diese »Wir-Deutschen« öffentlich Protest anzuzeigen. Das wäre nur ein Spießer-Ruten-Laufen, das ohnehin nichts ändern würde.

Immerhin: Sie haben sich vielleicht sogar schon einmal mit einer Kerze an den Straßenrand gestellt und damit ein Zeichen gesetzt gegen die deutsche Hirnfinsternis. Nicht, daß ich das geringschätze.

In Berlin habe ich selbst eine solche Lichterspur von hunderttausend Kerzen-Ständern mitorganisiert. Und ich habe mir den Hohn willig gefallen lassen, den ich ansonsten selber über besinnliche Massen-Pyromanie verbreite.

Aber soll das nun alles gewesen sein, daß wir einmal eine Stunde lang als demokratische Armleuchter herumgestanden haben?

Den meisten reicht's wohl. Wenn wir uns überhaupt verhalten, verhalten wir uns verhalten. Man muß doch nicht gleich hysterisch werden. Sicherlich: Da passiert in diesem Land so manches Schlimme, aber so schlimm ist das alles auch wieder nicht.

Und wenn so ein komischer Miesemartin daherkommt und das deutsche Neo-Volk an die Wand malt, dann wissen Sie: alles Satire!

Gewiß: Übertreibung gehört zum Geschäft; doch finden Sie nicht auch, daß dieser Buchholz es mit dem Übertreiben übertreibt?! Gelegentlich möchte man ihm schon mal sagen: Bleib auf dem Teppich, Mann!

Das ist eine liberale Übung in diesem Land. Man bleibt auf dem Teppich — möglicherweise so lange, bis wieder jemand kommt und in den Teppich beißt. (Der Reinbeißer würde allerdings eine Leiter brauchen, um an unseren Teppich zu gelangen — so hoch, wie der liegt, nachdem, was man hierzulande alles unter den Teppich gekehrt hat.)

Ich frage mich, warum uns der demokratische Teppich für die Inneneinrichtung unseres Oberstübchens so wichtig ist. Möglicherweise deshalb, weil wir ihn dort über unsere Unterschwelle gebreitet haben.

Könnte es gar sein, daß auf dieser Unterschwelle auch bei uns — vielleicht, vielleicht — ebenfalls ein kleiner Rep herumhockt, so ein debil deutsches, dösig dumpfes Männlein?

Ich schreibe es nicht gerne, aber bei mir hat sich so einer eingenistet: ein klitzekleiner Mini-Rep, der garantiert niemals über die Fünf-Prozent-Hürde kommen würde.

Ich habe ihn lange gar nicht wahrgenommen, aber in letzter Zeit kommt er ab und zu unversehens zum Vorschein.

Nur ein Beispiel: Ich selber habe, das dürfen Sie mir glauben, ganz sicher nichts gegen Ausländer auf Berliner Straßen, aber stellen Sie sich vor: Neulich hat sich doch tatsächlich ein polnischer Autofahrer mit seinem Fiat-Polski direkt vor mir in die letzte Parklücke in der Uhlandstraße gedrängelt.

Also, ich kann Ihnen flüstern: Mein kleiner Rep wurde plötzlich putzmunter, sogar richtig wild, haute mit der Faust auf die

Hupe und fluchte laut vor sich hin: »Scheißpole!«

Ich habe ihm natürlich sofort den Mund verboten, denn so etwas lasse ich ihm nicht durchgehen — zumindest nicht, wenn ich dabei bin.

Andererseits: Es ist doch eine ziemliche Unverschämtheit, wenn ich als Deutscher in meiner eigenen Stadt keinen Platz mehr finde, weil ein Pole ihn mir wegokkupiert. Schließlich haben wir den Polen großzügig die deutschen Ostgebiete überlassen. Da hätten sie wirklich genug Platz zum Parken.

Ein derartig peinlicher Ausrutscher wäre Ihnen selbstverständlich nie passiert. Sie sind, wie von mir schon bemerkt, ganz anders. Sie sind ganz toll tolerant. Sie lassen sich doch nicht von mir einen kleinen Rep ins Ohr setzen.

In diesem Fall müßten Sie sich ja ganz energisch von sich selber distanzieren. Sie wären sich selber fremd. Und gegen das Fremde im Innern muß man sich zur Wehr setzen — ganz entschieden. Das hat nichts zu suchen bei uns.

Es heißt zwar: Niemand kann heraus aus seiner Haut, doch mit äußerster Anstrengung schaffen wir auch das. Wenn es hart auf hart kommt, muß man sich aus sich selber rausdenken.

Wenn wir auch nur ein Stück weit so wären wie die, von denen wir denken, daß wir nie so wären, wie wir denken, daß die sind — also, das wäre doch nicht auszudenken.

Und mit einem, dem das dennoch denkbar erscheint — mit dem wollen wir denkbar wenig zu tun haben. Unter demokratische, tolerante Menschen gehört jedenfalls niemand, der sich so etwas ausdenkt.

Ausdenker raus!

Am besten, wir breiten gemeinsam den Teppich des Schweigens über dieses Kapitel — sonst kommt noch dabei heraus, daß wir Deutschen am Ende auch wir sein könnten.

13.

Wie durch einen Stuhlgang das Vaterland geschaffen wurde

»O, ihr Skribenten wohl bekannt,
die Ihr in Eurer Schrift
mehret den Ruhm vom Vaterland:
Gott segne Euren Stift!«

Der frische deutsche Reimer, der diese Verse um 1590 niederschrieb, kann mich nicht gemeint haben.

Da ich ungesegneten Stiftes bin — Sie erinnern sich, liebe Leserin, an das Geständnis, das ich Ihnen machte —, kann ich mir aufs Vaterland keinen Per-Vers machen.

»Was ist des Deutschen Vaterland?« Ich weiß nicht, ob Ihnen diese Frage schon einmal in die Quere gekommen ist. In den Siebzigern war es jedenfalls eine beliebte Quizaufgabe für Intellektuelle.

Ich konnte mich an diesem Ratespiel nie

beteiligen, und das hatte einen sehr einfachen Grund, nämlich den, daß für mich kein Grund vorhanden war.

Dieses liest sich vielleicht verwirrend, doch ich werde Sie sogleich entwirren. Die Sache mit meinem Vaterland ist einfach die, daß ich keins habe.

Und das liegt nicht an mir, sondern an meinem Vater. Um dies zu erklären, muß ich etwas ausschweifen. Ich bitte Sie, geduldig mitzuschweifen.

Also: Von dem mir bevaterten Martin Buchholz haben Sie ja bereits gehört. Der wurde wie ich in Berlin geboren (er, wie Sie zu Recht vermuten, etwas früher als ich). Er wohnte auch später in der Stadt, jedoch — und das ist in diesem Zusammenhang von Bedeutung — immer nur zur Miete. Er gehörte nicht dem Haus- und Grundbesitzerverein an, weil ihm weder Haus noch Grund gehörte.

Sie erinnern sich an Heideggers Worte: »Nichts ist. Ohne Grund.« Insofern war auch die Existenz meines Vaters grundlos. Ein Habe-Nichts.

Nicht einmal einen Schrebergarten nannte er sein eigen. Keine Scholle war sein. Kein Stück Land gehörte meinem Vater. Und das hatte für mich zur Folge: Null Vaterland stand für mich zur Verfügung.

Fast kann ich Ihr gequältes Seufzen bis in meine Schreib-Kemenate hören. Dieses Thema sei nun wirklich zu ernst, um es derart simpel zu verscherzen.

Ich bitte Sie: Nichts liegt mir ferner, als mit dem Vaterland zu schabernacken. Ich beschreibe ganz sachlich, wie es um meines bestellt ist.

Wenn ich dabei das Umfeld dieses großtönenden Wortes agrikulturell bestimme, dann habe ich dafür gewichtige Wortweiser: die Brüder Grimm, die in ihrem »Deutschen Wörterbuch« den Begriff »Vaterland« zunächst historisch umgrenzen — in seiner Grund-Bedeutung als »der vom Vater besessene Acker«.

Schlag nach bei den Grimms. Wenn Sie sich gelegentlich die Freude gönnen, selber mal in einem etymologischen Wörterbuch nachzuschauen, um dem einen oder anderen Begriff in seiner Herkunft nachzuspüren, werden Sie feststellen, daß der Wort-Witz oft nur eine kurze Wurzelbehandlung braucht, um vom Aha-Erlebnis zum Haha-Ergebnis zu gelangen.Die Sprache radikalauert mit sich selber.
Derart profan verweisen uns die Wörter im-

mer von neuem aufs Alte, aufs Eigentliche, auf ihre Eigentümlichkeit (und das »Tümliche« ist wiederum das Eigentliche, denn »Tum« meinte früher: »der Besitz, die Macht«).

Das Eigen-Gesetzliche des Besitzes kommt hier zur Sprache. Auch das Wörtchen »eigen« leitet sich von einem frühen germanischen Verb ab mit der Bedeutung: »be-sitzen«. Das Eigen-Tum scheint also doppelt »eigen-tümlich« : als das Besitzen eines Besitzes.

Nichts anderes geschah, wenn ein Vaterland in Besitz genommen wurde.

So schildern es die Brüder Grimm, ohne daß sie uns Märchen erzählen: »Wer Grund und Boden erwarb, unterließ es nicht, ihn leiblich zu besitzen, das heißt, einen darauf gestellten Stuhl symbolisch einzunehmen.«

Erst durch diesen Stuhl, der da herangeschleppt worden war, war der, der sich darauf setzte, ein Sitzender, einer, der sich auf dem Be-Sitz niedergelassen hatte.

Durch diesen Stuhl-Gang wurde den Söhnen klar: Unter dem Hintern des Alten liegt unsere Zukunft. Das ist unser Vater-Land. Voraus-Setzung für seine Herrschaft ist allerdings, daß er als erster dort gesessen hat — zumindest, daß er dies als Sitz-Anspruch durch-setzen kann, ohne daß sich jemand ihm ernsthaft wider-setzt.

Wer zuerst da saß, kann sich danach auf die älteren Rechte berufen. Er ist der Ältere, der Senior (daher: der Herr, le seigneur, el señor, il signore undsoherrlichweiter).

Es ist so, meine liebe Signora, wie ich es Ihnen gesagt habe: Auf vaterländischem Terrain sind die Herren ansässig: Es ist ein Gebiet für den Gebieter. (Allerdings stellt sich manchem Herren die bange Frage, wie lange frau sich das ge-bieten läßt.)

Der Arche-Typ des Herrschers ist also der, der zuerst allein auf dem Lande thronte. Der Allein-Herrscher: der Mon-Arch.

Nebenbei: Auch der Autor ist auf seinem Gebiet ein Allein-Gebieter. In den geistigen Gefilden, wo er seine Wortwurzel-Suche betreibt, im undeutschen Reich seiner satirischen Aus- und Abschweifungen, in der papierenen Leselandschaft seiner polemischen Stilblüten ist er augenblicklich der Monarch, der Ihnen huldvoll Audienz gewährt. In diesem Buch bestimmen Wir. Das Autoren-Wir ist dem fürstlichen Pluralis majestatis verwandt. Soll heißen: Der Wir-

Schreiber ist für den lesenden Normalbürger ein King, ein Bürger-King, ein majestätischer Doppel-Whopper. Jedoch wie vorbemerkt: Wir sehen das nicht so verbissen. Sie dürfen also sitzenbleiben, wenn Sie mich lesen, zumal ich auf Sie angewiesen bin: Ohne Sie als mein Lese-Volk wäre ich kein Erlesener — und das würde mich schon wurmen.

Ein deutscher Machthaber bin ich sowieso nicht. Das einzige, was ich ein bißchen beherrsche, ist die deutsche Sprache — und auch da ist meine Herrschaft keine ernstzunehmende, weil ich viel lieber mit der Sprache spiele. »Reine Wortspielereien«, »völlige Sprachverliebtheit«: Das lese ich zuweilen in Rezensionen — und zwar als negativen Vorhalt. Sprache als Denk-, Lust- und Liebesspiel: Das ist unanständig, das macht man nicht. Mit Lust und Liebe läßt sich keine Herrschaft halten. Der Sprache hat man deshalb mächtig zu sein. Und so wird sie ständig vergewaltigt, tagaus, nachtein.

Verzeihen Sie mir diese Exkursion ins Menschensprachliche. Kehren wir flugs zurück — auf den vaterländischen Boden der Tatsachen, dorthin, wo Ordnung herrscht — in unserem Fall die Freiheitlich-Demokratische Grund- und Boden-Ordnung.
Wen sehen Sie dort sitzen? Dort sehen wir

ihn sitzen? Jawohl! Ihn — den mächtigen Aussitzer. Eigentlich wollte ich hier wirklich nicht auf ihn, den Unsäglichen, zu sprechen kommen, doch nun komme ich doch, nämlich nicht um ihn herum; ist er doch der »Kanzler der Einheit«, der jedem verkündete, ob er es hören wollte oder nicht, daß ihn der Mantel der Geschichte gestriffen habe. So sieht er auch aus: Ich glaub, mich streift ein Mantel.

»Sein historisches Geschick« (so ehrfürchtet Martin Walser) ließ ihn als den von der Historie Geschickten erscheinen: Einer, der sich im rechten Moment setzte — der sich einsetzte für das einig Vaterland und sich selber damit einsetzte als unser aller Über-alles-Landesvater.

Für die Alteingesessenen in östlichen Landen hieß das: Erst kamen die Sprüche von rechts — und dann die Rechts-Ansprüche; ganz Ossi-Land fiel als riesige Immobilie dem West-Reich zu. Als der LPG-Bauer zum ersten Mal einen dicken Mercedes um das genossenschaftliche Land herumkreisen sah, stöhnte er nicht zu Unrecht ahnungsvoll: »Ach, du dicker Vater!«

Der große Bonner Vor-Sitzende ward so zur Inkarnation des wiedererwachten patriotischen Geistes der deutschen Vorväter. »Inkarnation« ist hier wörtlich zu nehmen. Die

Idee des einig Vaterlandes hatte sich in ihm verfleischlicht: die Verkörperung deutscher Macht, ein deutscher Machtkörper.

Nachdem er sich erst einmal im östlichen Deutschland niedergelassen und es damit zur westlichen Niederlassung gemacht hatte, sprach er zu jenen, die sich damals noch in Massen um ihn scharten: »Meine lieben deutschen Landsleute.«

Und die meisten waren von ihm eingenommen. Eine Vereinnahmung: Schon das Wörtchen »meine« als besitzanzeigendes Fürwort zeigt den Besitz-Titel an. Er verkündete damit jedermann und jederfrau, daß dies sein Volk sei.

Sein oder nicht sein — für ihn keine Frage.

Besitzanzeigende Fürwörter findet man in der Grammatik meist unter ihrem lateinischen Namen: Possessiv-Pronomen. Auch darin wird die Seßhaftigkeit eines Besitzers ausgesprochen: »possessiv« ist abgeleitet von »potis sedere«. Und »potis« heißt »mächtig«; »sedere« heißt »sitzen«.

Potis sedere also: mächtig auf etwas sitzen.

Damit wird die Sitz-Potenz eines Potentaten angezeigt. Dessen Qualitäten liegen nun mal nicht im Progressiven, sondern im

Possessiven. In seiner Sitzfläche. Und die ist flächendeckend.

Besonders den östlichen Landsleuten war er der Allerwerteste. Sie standen Schlange, um sich bei ihm freiheitlich einzulochen.

(Das Schlangestehen waren sie gewohnt. Daran erkannte man früher einen DDR-Bürger: Wo immer er auftauchte; er bildete sofort eine Schlange. Deshalb war doch der arme Honecker fest davon überzeugt, einem Arbeiter- und Bauern-Paradies vorzustehen, einem realsozialistischen Garten Eden. Schließlich: die Schlange war da.)

Auch die deutsche Sozialdemokratie findet dort notfalls ihren Unterschlupf. Wenn es darauf ankommt, überholt sie sich selber rechts auf ihrer eigenen Schleimspur, wenn sie beim Herrscher zu Kreuze kriecht, oder jedenfalls dort hinein, wo sein Kreuz endet. Auf diesen allzeit üblichen deutschen Banalverkehr machte sich schon Tucholsky seinen Reim:

»Et jibt Karrieren — die jehn durch den Hintern...
Da ist et warm. Da kenn se ibawintern."

Hier also irrt der Kanzler, wenn er die Quintessenz seines Daseins — ja , wie soll ich sagen — ausdrückt: »Wichtig ist, was hinten rauskommt.« Was reinkommt, ist auch nicht ganz unwichtig.

Ich kann nichts dafür, wenn ich mich mit Ihnen schon wieder unterhalb der Gürtellinie bewege, allerdings nicht unter der unseren. (Zu meiner Gürtellinie werde ich noch ein klärendes Nachwort sagen.)

Der vaterländische Kasus bringt es mit sich, daß ich mir mein Hinterteil dazu denke — genauer: sein Hinterteil, auch wenn Sie meinen sollten, ich hätte damit die Probleme des Vaterlands arsch vereinfacht reflektiert. Zumindest im Hoch-Deutschen gilt Gevattern Goethes Rat:

»Mußt all die garstgen Wörter lindern:
Aus Scheißkerl mach den Schurk und aus dem Arsch den Hintern.«

Doch stehe ich mit diesen Reflexionen, mit diesen meinen närrischen Widerspiegelungen ebenfalls in vorväterlicher Tradition.

War doch der Vater meiner Zunft, des Lachdienstleistungsgewerbes, jener Eulenspiegel, der schon mit seinem Namen aussprach, was man ihn könne: »Eule« nennt im Niederdeutschen auch den Federwisch, der Handfeger; »ulen« bedeutete »fegen«. Und der »Spiegel« ist der hintere, der verkehrte Teil des Körpes, Ul-en-spiegel ist ein vorsätzlicher After-Sinn, ein deftiges Ansinnen: Feg mir den Spiegel!

Doch wie uns die Erfahrung lehrt, hat selbst der willigste Feger, das eilfertigste Leckermaul gelegentlich Schwierigkeiten, den Unterschied zwischen dem hinteren unteren und dem vorderen oberen Teil zu unterscheiden. Hans Sachs verdichtete diese Wechselwirkung zu dem Reim:

»gar etlich leutte antlitz ist so recht für'n ars.
wers nit wil glauben, schau nur in den spigel und erfar's.«

Und der geheime Rat von Goethe (noch einmal zitiert, um Sie, Frau Bildungsbürgerin, Herr Bildungsbürger, insgeheim zu exkulpieren für die Lektüre derartigen Unflats) brachte die in Weimar vorherrschende Gesichtslosigkeit auf die klassische Formel: »diese Arschgesichter«.

Wie Sie sich allabendlich in der »Tagesschau« durch Augenschein überzeugen können: Bonn ist noch immer Weimar.

So drückt sich die deutsch-deutsche Gespaltenheit auf wundersame Weise vorder- wie hinterrücks aus. Übrigens: Ein schönes Beispiel für das Ausdrucks-Konzept der älteren Philosophie.

Es steht geschrieben: Die Hinteren werden die Ersten sein.

Ein patriotisches Motto, wie wir gesehen haben, denn so will es das Be-Sitz-Recht in allen patriarchalen Zeiten: Die Gesäßigkeit bestimmt, wer der Erste ist auf und im Vaterland.

Meine Rede: Mit dem Vaterland sind wir am Patri-Arsch!

14.

Im Zuge einer Friedensbewegung wird dem Autor ein Stück Vaterland zuteil — irgendwo bei Dnjepropetrowsk

»Vaterlandsliebe kennt keine (fremden) Grenzen.«

Es war zwar ein Pole, der diesen schlauen Gedanken aufgeschrieben hat — Stanislaw Jerzy Lec —, aber wir wollen nicht kleinlich sein und diesen Satz auf die deutsche Vaterlandsliebe transskribieren. Haben wir Deutschen doch neue Maßstäbe gesetzt, was die Unbegrenztheit angeht.

Unsere Expedition ins Deutschsein, bei der wir inzwischen bis zum Vaterland gekommen sind, führt uns erneut in grenzenlose Dimensionen. Wenn ich Sie bei dieser Weiträumigkeit zeitweise aus den Augen verlieren sollte und scheinbar für mich alleine mit meinen Gedanken durch die Historie marschiere, dann muß Sie das nicht allzu sehr stören. Ich verspreche Ihnen, daß wir uns wieder treffen — und zwar am Dnjepr. Dort möchte ich Ihnen nämlich etwas zeigen. Zur Not müssen Sie sich allein bis dorthin durchschlagen, wenn Sie bei meinem Marschtempo nicht Schritt halten können.

In Europa geriet man öfter schon außer Atem, wenn wir Deutschen losmarschierten. In unserer umfassenden Liebe zum Vaterland umfaßten wir den ganzen europäischen Raum. Wer wollte bestreiten, daß Deutschland zu Europa gehört — oder eben auch umgekehrt.

Eins muß man uns lassen: Wir waren in und mit unserer Vergangenheit den anderen Völkern weit voraus. Schon vor einem halben Jahrhundert hatten wir die Idee eines vereinten Europas — lange bevor irgendein Würstchen seinen Maastricht dazu gegeben hat. Zu Europa ist uns viel früher allerhand eingefallen.

An diese Einfälle der Deutschen können sich viele Polen noch heute erinnern — und die Franzosen und die Belgier und die Holländer und die Russen und die Dänen und die Norweger und die Griechen und und und...

Und trotzdem wird behauptet, die Deutschen seien ausländerfeindlich. Eine üble

Verdrehung historischer Tatsachen? Wir sind dem Ausland gegenüber stets ungeheuer gewesen, zumindest ungeheuer integrationswillig. Haben wir uns doch wirklich bemüht im letzten Krieg, so viel Ausland wie möglich ins Deutsche Reich zu integrieren. Es waren doch diese Ausländer, die keine deutschen Inländer werden wollten.

Wir Deutschen werden und wurden verkannt, weil wir viel zu ausländerfreundlich sind. So nahm man uns die eigentlich doch liebenswerte Angewohnheit übel, daß wir gelegentlich bei unseren Nachbarn einfach so, ohne Voranmeldung, auf einen Sprung vorbeigeschaut haben. Wir kamen offenbar jedesmal ungelegen. Schade, daß sich die anderen Völker nie an die deutsche Spontaneität haben gewöhnen können.

Es traf sich vielleicht ein bißchen dumm, daß zufälligerweise immer gerade Krieg war, wenn wir unsere Nachbarn überraschen wollten. Aber das war nicht unsere Schuld. Wir haben nie mit irgendwas angefangen, schon gar nicht mit einem Krieg.

Im Gegenteil: Wir haben ständig versucht, unsere Kriege wieder einzufangen. Kriege haben nun einmal die ärgerliche Angewohnheit, ausgerechnet bei uns auszubrechen. Und wir müssen dann ständig hinterher.

Jedenfalls haben wir niemals als erste geschossen. Wir haben immer nur als erste vorsichtshalber schon mal zurückgeschossen.

Inzwischen haben wir die Taktik geändert. Wir schießen nicht mehr zurück. Wir schießen vor.

Das Motto lautet jetzt: Mit der D-Mark zu neuen D-Markationen!

Besonders im östlichen Europa stinkt es doch schon überall nach unserem Geld. So stecken wir heute unser Revier ab. Duft-Noten setzen nennt man das.

Alles geht ganz friedlich zu. Wir haben die Oder-Neiße-Linie endgültig anerkannt als Grenze zur Dritten Welt. Endlich können wir unsere polnischen Nachbarn in Kauf nehmen — Hektar für Hektar.

Es war nämlich seit jeher germanischer Väter Sitte, daß sie nicht nur das Land besitzen wollten, auf dem sie gerade saßen, sondern daß sie sich auch auf anderer Väter Land seßhaft niederlassen wollten.

Um dieses anderweitige Land zu besitzen, mußten es die deutschen Väter also besetzen. Um es aber zu be-setzen, mußten sie es logischerweise von den anderen Vätern erst mal entsetzen. Also haben wir Deutschen zunächst für das Entsetzen gesorgt bei unseren Nachbarn.

Vaterland — wie gehabt: der vom Vater besessene Acker, weshalb man wie besessen für das Vaterland geackert hat. Ackern heißt: das Land bestellen. Und wir hatten damals in den umliegenden Ländereien einiges an Land bestellt, waren wir doch ein Volk ohne Raum.

Obwohl die Bestellung schon lange vorlag, wurde nicht geliefert. Da mußten die Deutschen eben persönlich vorbeischauen, um das bestellte Land abzuholen.

Heimholen, hieß das früher. Um ein Land heimzuholen, muß man es logischerweise zunächst heimsuchen.

Bei einer solchen deutschen Heimsuchung war auch mein Vater dabei. Und jetzt geht die Geschichte mit meinem Vaterland erst richtig los, und zwar damit, daß sie zu Ende geht, genauer: daß die Geschichte zu Ende war für meinen Vater, als der 1943, wie man so schön sagt, seinen Frieden gefunden hatte — und zwar auf fremdem Felde.

Ist das nicht etwas Tröstliches: Mitten in Krieg findet der Soldat den Frieden.

(Und wieder öffnet sich die Klammer zur Gegenwart, denn inzwischen verlangt alle Welt erneut nach deutschen Friedens-Findern. Die UN möchte deutsche Soldaten ordern für »friedensstiftende Maßnahmen«. Darin hat das deutsche Militär einschlägige Erfahrung. Es ist alleweil gerne Frieden stiften gegangen.

Letztlich mußten wir bei unseren Friedensbemühungen schweren Herzens kapitulieren. Doch jetzt, da wir endlich wieder ein großes Deutschland sind, haben wir lange genug kapituliert. Jetzt wird rekapituliert. Das Ganze noch mal!

Das ist unser gutes Recht. Schließlich haben wir den Krieg verloren. Und was man verloren hat, wird man ja wohl suchen dürfen.

Da es ein Weltkrieg war, der uns abhanden gekommen ist, müssen wir eben in aller Welt suchen. Überall dort, wo demnächst ein Krieg stattfindet, müssen wir hin, um nachzugucken, ob das womöglich unser verlorener Krieg ist, den andere unbefugterweise führen.

Zum Zeitpunkt, da ich dies schreibe, ziert sich die SPD noch etwas kokett. Sie ist sich nicht sicher, ob ein Blauhelm sie wirklich kleidet.

Das kennt man ja bei den Sozialdemokraten. Sie brauchen halt etwas Zeit. Von Umfall zu Umfall hören wir erst monatelang permanent ein zögerliches »Ja, aaaber!« Und zum Schluß heißt es: »Aber jaaa!«

Die Aktion Deutsche Friedensstiftung ist angelaufen. Für deutsche Soldaten heißt es dann:

Ruhe in UN-Frieden!

Und damit schließt sich auch diese Klammer.)

Da mein Vater schon mit der früheren deutschen Friedensbewegung unterwegs war, liegt er nun lange schon im fernen Russenland begraben.

Somit liegt dort auch mein Vaterland. Denn dies ist das Stück Land, das mein Vater sich endgültig erobert hatte. Viel war es nicht. Es hat gerade mal die Größe eines Soldatengrabes.

Jetzt frage ich mich als deutscher Sohn: Wie sieht es in diesem Fall eigentlich mit meinen Erbansprüchen aus?

Hat er — nach alter Vätersitte — überhaupt einen Besitz-Titel erworben? Direkt besessen hat er das Land ja nicht. Eher hat er es — wie drückt man das aus? — nun ja: erlegen. Eine Liegenschaft, wie man sagt.

Hier treffen wir uns nun wieder — an den Ufern des Dnjepr, an denen mein Vaterland sich befindet. Wo es allerdings genau liegt — das kann ich Ihnen auch nicht sagen. Irgendwo in der Nähe von Dnjepropetrowsk. Mehr weiß ich nicht.

Eine weitere Nachforschung würde sich kaum lohnen: Dieses vaterländische Irgendwo wird längst umgepflügt worden sein. So entsteht aus dem Vaterland doch noch etwas Fruchtbares — Mutterboden.

Über mein Vaterland wird also Gras gewachsen sein.

Auch das ist wichtig: Gras brauchten wir Deutschen in diesem Jahrhundert reichlich — überall in fremden Landen. Sonst hätten wir gar nicht gewußt, wenn wir irgendwo hinkamen, wo wir hätten hineinbeißen sollen.

Zu diesem Zwecke war man ins Feld gezogen — mehrfach in diesem Jahrhundert. Erst die Großväter, dann die Väter, und wenn Gras über die Väter gewachsen ist, sind die Söhne dran mit dem Reinbeißen.

Was nun mein Stück Vaterland bei Dnjepropetrowsk betrifft: Ich verzichte freiwillig darauf. Offen gesagt, lege ich auf eine Neubelegung keinen Wert.

Ich bin — das wird Sie nicht mehr erstaunen — meinem Vaterlande wesensfremd. Denn die eigentliche Erfüllung für das vaterländische Wesen ist immer das Ver-Wesen gewesen.

So erfüllte mein Vater seine Heldenpflicht. Auf dem amtlichen Bescheid stand: »Gefallen für Führer, Volk und Vaterland!«

Ein deutscher Dreiklang: Vaterland ist darin das letzte Wort.

Ich denke mir als vaterlandsloser Geselle: Man muß in Deutschland ja nicht ständig das letzte Wort haben wollen.

15.

Wie ein Zeitkritiker ins Hecheln kommt, weil er mit der Zeit gehen will, während die Zeit hinter ihm her ist und ihm zugleich davonläuft

Ein Fazit können wir wohl aus dem Vorangegangenen ziehen: Wir Deutschen sind mächtig was herumgekommen in der Welt. Und es heißt ja: Wenn einer eine Reise tut, dann kann er was erzählen.

Eben drum: Deutsche Geschichte.

Sicherlich, ein paar Details eignen sich nicht zum Weiter-Erzählen. Da sind auch ein paar dumme Geschichten passiert. Aber ich bitte Sie! Sowas passiert schon mal, wenn man unterwegs ist.

Und wir lassen es passieren. Passieren lassen heißt: etwas durchgehen lassen. Dieses Volk ließ sich fast alles durchgehen, wenn es mal wieder mit sich selber durchgegangen war. Für die deutsche Vergangenheit hat man einen Passierschein. Der

Kopp durchgehend geöffnet: Hier rein, da raus! Das bekannte Rein- und Raus-Spiel.

Damit bietet sich erneut eine Gelegenheit für mich, Ihnen einen alten Sinn-Spruch ins Poesie-Album zu schreiben:

»Was hilft die Kunde der Vergangenheit?
Sie kündet eins nur: Es vergeht die Zeit.«

Für mich heißt das: Zeitkritik hat keinen rechten Sinn — zumal in diesem Lande, in dem die Vergangenheit anscheinend so zeitlos ist, daß sie stets von neuem in Mode kommt. Man trägt die Erinnerung kurz in dieser Saison. Hirnfrei. Die modische Frage heißt: Wo lassen Sie denken?

Eine deutsche Zeit-Erscheinung: Von Zeit zu Zeit sieht man das Alte gern.

Apropos deutsche Zeitkritik. Da fällt mir noch einmal Tucholsky ein. Obwohl... Stop! Dazu muß ich Ihnen mal was sagen. Rücken Sie bitte etwas näher, damit ich es Ihnen flüstern kann, denn eigentlich sagt man so etwas nicht, zumindest nicht in aller Öffentlichkeit — noch nicht zumindest. Sagen Sie bitte niemandem, daß Sie es von mir haben. Ich habe im Zweifelsfall nichts gesagt. Also: Dieser Tucholsky war ohnehin kein richtiger Deutscher. Das war auch ein... aber ja! Sagen Sie bloß, Sie haben das nicht gewußt? Wenn ich es Ihnen sage: Ein Satiriker war das. Nicht nur Viertel- oder Halbsatiriker, nein, ein richtiges Vollblut.

»Die Zeit schreit nach Satire«, hat er mal gesagt. Nun war Tucholsky seinerzeit seiner Zeit viel zu weit voraus, so daß er seine Zeit bald gar nicht mehr verstand. Er hatte sich verhört: Der Dernier cri, der letzte Schrei der Zeit galt niemals der Satire.

Tucholsky mußte noch mit anhören, was nicht zum Mitanhören war, als der Zeitgeist auf einmal in einen gemeinsamen Urschrei ausbrach.

Mancher Zeitkritiker schaffte es noch, rechtzeitig das Weite zu suchen. Daran erkennt man, daß diese Leute keine richtigen Deutschen waren, weil ein richtiger Deutscher nicht das Weite sucht, sondern weitermacht, egal wer die Macht hat; das macht nichts weiter. Es wird weitergemacht.

Weiter so, Deutschland!

Übrigens: Schon seit 1929 lebte Tucholsky im schwedischen Asyl — obwohl er zu diesem Zeitpunkt in Deutschland noch gar nicht richtig verfolgt wurde. Manche Leute können es einfach nicht abwarten...

1935 hat Tucholsky Selbstmord begangen. Deshalb haben wir Deutschen ihn eine Zeitlang geschätzt. Schließlich hat er tätige Reue gezeigt.

Wenn der Zeitkritiker das Zeitliche segnet, das er zuvor verflucht hat, ist seine Zeit gekommen. Dann wird er zum deutschen Klassiker. Erst wenn die Zeitkritiker modern, werden sie modern. Satire gehört in Deutschland zur Post-Moderne.

Da Sie, liebe Leserin, geschätzter Leser, ohnehin schon einige Zeit in meiner zweifelhaften Gesellschaft verbracht haben, kann ich es Ihnen ja verraten: Es ist die reine Zeitverschwendung, sich überhaupt mit Zeitkritik abzugeben. Ich weiß es längst. Zeitkritiker zu sein, ist eine ziemlich unsinnige Beschäftigung. Was soll es eigentlich derzeit an der Zeit zu kritisieren geben?

Ich weiß natürlich nicht, welche Zeit Sie jetzt haben, wenn Sie dies lesen. In einem bin ich aber sicher: Ihre Zeit ist nicht meine Zeit. Welche Zeit-Zeichen ich auch immer hier setze, für Sie kommen sie zu spät. Tut mir leid, Ihnen das sagen zu müssen, aber Sie gehen nach. Sie ticken nicht richtig — zumindest von meinem Zeitgefühl her.

Wenn es Sie tröstet: Ich selber bin ebenfalls ständig im Verzug, was meine Zeit angeht.

Wagen wir ein Experiment — über Zeit und Raum hinweg. Sie sollen Zeuge sein bei einem satirischen Uhr-Erlebnis.

Ich verrate Ihnen meine Zeit. Bei mir ist es genau dreiundzwanzig nach vier in der Frühe — am 8. September 1993.

Das also ist die Zeit, die ich derzeit habe, und nun sagen Sie mir bitte, was ich daran kritisieren soll? Sie müsssen zugeben, das wäre mehr als albern. Aber selbst wenn ich mich darauf einließe, Kritik zu üben an dieser Zeit, wäre es dafür schon zu spät. Sie können es selbst nachprüfen auf Ihrer Uhr, egal was sie Ihnen zu Ihrer Zeit gerade anzeigt. Aber seit meiner Zeitansage ist inzwischen etwa eine Minute vergangen. (Diese Zeitspanne hängt auch von Ihnen ab; ich weiß ja nicht, mit welchem Tempo Sie sich im Augenblick durch den Text hindurchbuchstabieren.)

Verstehen Sie mein Problem? Man glaubt, als Zeitkritiker die Gegenwart zu kritisieren, doch im Moment der Kritik ist diese Gegenwart schon Vergangenheit.

Und die Vergangenheit war uns in Deutschland selten gegenwärtig.

Weshalb gegenwärtig die Vergangenheit wieder eine Zukunft zu haben scheint.

Ich habe mir früher eingebildet, mit der Zeit zu gehen. Von wegen: Die Zeit rennt mir ständig davon.

Als Zeitkritiker liefere ich mir ein unaufhörliches Wettrennen mit der Zeit im Stadion der Geschichte. Ich hechle der Zeit asthmatisch hinterher — und irgendwann liege ich so weit zurück in diesem Rennen, daß die Zeit schon wieder eine Runde weiter ist und mich von hinten immer mehr einholt.

Und plötzlich sieht es so aus, als laufe ich vor der Zeit davon, obwohl es doch die Zeit ist, die mir davonläuft.

Ich kann machen, was ich will — auf diese Weise scheint es so, als sei ich permanent der Zeit voraus. Dennoch liege ich im Lauf der Zeit um Runden und Runden zurück.

Ich hab es satt, ständig von einer Zukunft eingeholt zu werden, die ich so gar nicht gemeint habe. Geschweige denn: gewollt. Ich erschrecke zuweilen selbst, wenn ich in der Vergangenheitsform spreche und auf einmal merke: Was du denkst, ist Futur.

Nun hört und liest man in letzter Zeit von streitbaren Historikern: So schlimm sei das alles gar nicht gewesen mit der deutschen Vergangenheit.

Rein grammatikalisch gesehen stimmt das, denn die Vergangenheitsform ist — Perfekt.

Wir Deutschen haben uns historisch als Perfektionisten ausgewiesen — besonders in unserer Kriegs-Vergangenheit. Zwar haben wir nie mit etwas angefangen, aber das, was wir nicht angefangen haben, haben wir bis zum Ende gebracht. Auch wenn der deutsche Endsieg in Europa ein paar Jahrzehnte auf sich warten ließ.

Das Vollendete ist ein Qualitätsmerkmal von Geschichte made in Germany: vollendete Vergangenheit.

Plus-quam-perfekt: mehr als perfekt.

Damit ziehen wir einen Schlußstrich unter dieses Kapitel. Was unterm Strich rauskommt? Eine alte deutsche Wahrheit:

Wir lassen uns von unserer Vergangenheit einfach nicht bewältigen.

16.

Ein deutscher Dichter probiert in einem irischen Pub verschiedene Identitäten aus

Gerade eben — eine Stunde ist es her — hatte ich eine denkwürdige Begegnung unten in Ballydehop.

Ich hatte Ihnen ja geschrieben, daß ich hier im Irischen langsam Moos ansetze, aber Sie haben immer noch nichts von sich hören lassen.

So muß ich mich mit anderer Gesellschaft zufriedengeben. Wenn ich von meinem Tisch vor dem Fenster hochschaue, erblicke ich draußen — fünf, sechs Meter entfernt von mir — ein paar brave, breite Kuhgesichter gutmütig über einen halbhohen, mit Stacheldraht umkränzten Steinwall äugen: original gälisches Cattle-Volk, nur an der fetten, satten Lab-Sal interessiert, zufrieden herummaulend in the green, green grass of home, unberührt von allen vater-irländischen Angelegenheiten.

O, ihr glücklichen Kühe, die ihr die heimatlichen Weiden hier an der Roaring Water Bay treulos und reulos tauschen könntet mit jenen an Weser, Havel und Isar, die ihr umstandslos ausländisches Gras und Kraut auf fremdem Mutterboden verrupfen würdet — ob im nahen Britannien oder im fernen Brahmanien —, die ihr, so man euch aus- oder umsiedeln sollte, schweren Euters, aber rinderleichten Gemütes von der Maas bis an die Memel, von der Etsch bis an den Belt friedlich die Euter dahinschwenktet. Ach, wer da mitschwenken könnte... in dieser muhseligen Internationale, die keinen bann-bulligen Landes-Verrat kennt. Euch unschuldigem Weltrinde ist jeder noch so fremde Anger recht, welcher seines weichen, warmen Fladens harrt. Ohn' Ansehen irgendeiner nationalen Grundbefindlichkeit ist so auf jedes Land gleichermaßen geschissen. Wes Gras ich freß, des Land ich düng.

Will man es mir verdenken, wenn ich mich in meiner Not tendenziell diesem Vieh-Volk verbunden fühle, auch wenn uns Mauer und Stacheldraht trennen. (Das erhöht die Verbundenheit — wie wir inzwischen wissen; denn Unmut kommt nach dem Fall. Übrigens trennt mich diese irländische Mauer von den Kühen in ost-westlicher Richtung: Hier bin mal ich der Ossi und das Rindvieh ist im Westen.)

Da mir die Kühe ohnehin beim Schreiben zuschauen, habe ich ihnen gestern probeweise eine Text-Passage vorgetragen, deklamierend von der Mauer herab. Sie ließen sich diese Lesung unendlich duldsam gefallen, nachdenklich, fast gütig mich beglubschend, dabei mahlend und malmend ins Wiederkäuen vertieft, gelegentlich den Schwanz waagerecht ablif-tend, in philosophischer Gleichmütigkeit mit einem sanften Platsch mein Werk kommentierend. Und plötzlich überkam mich die Hoffnung, daß dieses Geschreibe vielleicht auch beim heimischen Publikum, also bei Ihnen, ein voller Erfolg werden könne.

Doch das war nicht die für mich unverhoffte Begegnung, von der ich Ihnen erzählen wollte. Die fand nämlich in »Murphy's Bar« statt. Vor drei Stunden wurde ich meiner einsiedlerischen Schreibkrämerei müde und begann, mir einzureden, genügend Wissens-Durst aufs hiesige Einheimische zu haben, um eine Unterbrechung in einer der örtlichen Begegnungsstätten rechtfertigen zu können.

So machte ich mich auf, um dort endlich wieder mit jenen herrlich einfachen, unverfälscht schlichten, irischen Original-Menschen in ihrem ureigensten Biotop ein wenig — wie von Heinrich befohlen — über das Wetter zu böllen; diese wunderbaren »Nice day«-»O yeah«-Konversationen, die so viel beitragen zur Völkerverständigung und die uns verkopften Zivilisationskrüppeln das beschämende Gefühl vermitteln, wie weit wir uns von den simplen Wahrheiten des Lebens entfernt haben.

Als ich den Pub betrat, war um den Tresen herum ein noch größeres Gedränge und Gelärme als sonst, und inmitten einer allgemeinen Hochstimmung, offenbar durch eine Freibier-Runde ausgelöst, lehnte, mit dem Rücken am Tresen und von tosenden Cheers umbrandet, er: der deutsche Dichter.

Nein, nicht der, an den Sie jetzt denken — und auch nicht der andere. Aber Sie kennen ihn bestimmt: einer von unseren unermüdlichen Talkrunden-Beisitzern und unerläßlichen Rednern bei jedweder Akademie-Tagung mit Themen wie »Deutsche Nation — woher? wohin?« Wenn unser Dichter sich gerade mal nicht genügend betalkt fühlt, sondert er kurz einen Essay ab mit irgendeiner milden Provokation gegen »die Linke«, wo immer er sie jeweils zu orten vermag, denn keiner außer ihm vermag sie noch zu entdecken.

Ich erspähte den Dichter einen Überraschungsmoment zu spät, um noch rechtzeitig zu retirieren. Er hatte mich schon gesehen: »Nein so was, der Buchholz, dieser miese deutsche Volksverächter. Was tust du hier in meinem Revier! Komm her, alte Ratte.« Er ging auf mich los und umschulterte mich: »Keine Bange. Neutraler Boden. Hier herrscht Waffenstillstand. Setz dich!« Und er zerrte mich nieder an einen Tisch, auf dem alsbald ohne weitere Order die Pints standen.

Ich hätte mir eigentlich gebauchpinselt vorkommen sollen, daß der Dichter mich überhaupt erkannte. Vor Jahren hatte ich ihn für eine linke Postille interviewt, als er sich selber noch vorzeigte als der literarische Vorsprecher der Weltrevolution (unter dem machte es damals keiner). Lang, lang ist's her. Mit den wechselnden Zeitläuften, als auf einmal beim Stichwort »Gesellschaftskritik« alles nur noch Bahnhof verstand, stieg er rechtzeitig um. Im »D«-Zuge der Vereinigung zum National-Eiligen geläutert, spielt er nun wieder eine Rolle in der Öffentlichkeit, wahrhaft ein Gerechter unter den Gelinkten.

Allerdings hätte ich nie erwartet, ihn so zu erleben wie jetzt — als Mittelpunkt eines trinkfesten irischen Plebses, halbvoll unter das Volk gemischt. Wiewohl er einst das Proletariat als revolutionäres Subjekt geortet hatte, war er doch stets objektiv genug in der Einschätzung, daß man sich nicht unter jedes Subjekt mischen solle, auch und gerade dann nicht, wenn es sich um das Subjekt einer obskuren Begierde handelt.

Der Gesellschaft des hochgeschätzten Plebejer-Volkes hatte er sich enthalten. Und auch ansonsten: Von äußerster Enthaltsamkeit war schon immer sein Œuvre geprägt. Er, der feinbebrillte, angegraute Grübler, den man als tiefst-bedenklichen Sinn-Beschwerer kennt, als skrupulösen Wort-Beschneider, als sparsamsten Satz-Begrenzer, der die stilistische Knappheit so weit ins Extrem getrieben, den Minimalismus so stark optimiert hatte, daß die von ihm veröffentlichten Bändchen immer schmaler wurden — bis sich schließlich seine Sätze an sich selber verschluckten, so daß zum Veröffentlichen nichts mehr übrigblieb (außer den zwei — oder waren es gar drei — gefürchteten Essays). Er hatte die Kunst des Verdichtens zu einer ungeahnten Überhöhung gebracht und das Stillesein auf dem Papier transponiert in die entsprechenden Talkrunden.

So hat man sein Bild vor Augen: Der fulminante Schweiger, in deutlicher Verachtung des Ringsum-Geredes, sich weglehnend aus dem Kreis der anderen Geladenen, der offenbare Ablehner, dessen Wort umso mehr gilt, wenn er es unerwartet fallen läßt, ein zögerlicher Tropfen auf ein heißes Eisen. Diesem leise verzischenden Tropfen pieselt er dann einen zweiten hinzu, und dann noch einen und noch einen und schließlich immer mehr, so daß aus dem Anfangsgeniesel schnell ein schweres Gepladder wird; eine Überflut an verschwiegenen, versiegelten Wörtern, die sich nun aus des Dichters Brust ergießt — bis allen anderen Talkgästen schließlich das Wasser bis zum Halse steht (zumal des Dichters Aussprache ohnehin eine ziemlich feuchte ist, wenn er sich erregt).

Und ebenso plötzlich verstummt er wieder, als hätte er sich den Hahn gewaltsam abgedreht — genug der Wörterverschwendung, der Geistesversprengung, des Perlenwerfens vor unwürdige Eber, und für den schalen Rest der Sendung sieht man ihn nur noch, von der Regie per Zwischenschnitt ins Bild geholt, als einen grimmen Null-Diät-Buddha mit dem Ausdruck entschlossener Verschwiegenheit, wieder ein Sinnbild seiner selbst: Askese als äußerste Ausdrucksform.

Und hier nun durfte ich ihn ganz anders bestaunen: Kein vermergelter bleichgesichtiger, dichterischer Abstinenzler saß mir gegenüber, sondern fast ein Hemingway'scher Macho-Bruder, die Backen nach hiesigem Mannesbrauch gerötet, leute-selig, dem Guiness und nun auch mir jovial zusprechend: ein gewendeter Mann.

Meine Verblüffung war zu offensichtlich, als daß der Dichter dies nicht bemerkt hätte.

Seine Miene welkte sofort ins Schmerzliche hinüber. »Ach«, sagte er mit unvermittelt weher Stimme, »mir geht's dreckig. Saudreckig. Ich muß mich heute besaufen.« Dann wieder munterer, mit ausladender Geste: »Und dafür ist dieses wundervolle Land mit seinen wundervollen Eingeborenen eigens geschaffen worden von einem wundervoll versoffenen lieben Gott, sage ich dir.« Er stutzte, kramte in seiner Erinnerung: »Wir haben uns doch früher geduzt, oder? Du bist doch Genosse?«

»Ich bin kein Genosse. War ich nie«, sagte ich.

Der Dichter, plötzlich hohnübertriefend: »So spricht der wackere Linke: Ich bin kein Genosse, und ich war kein Genosse.«

Er wandte sich um zum Tresen, rief in den Raum: »Hört ihr das? Er war nie in meiner Partei. DKP. Deutsche Kabarettistische Partei, haha. War er nie drin.« Ein paar der Iren prosteten lachend herüber. Der Dichter hob sein Glas in meine Richtung: »Ihr wart doch alle in meiner Partei. Alle! Der einzige, der nie wirklich dabei war, das war ich. Ich war zwar drin, aber ich war nie dabei, verstehst du. Und du bist immer noch dabei, doch du hast dich feige vor dem Eintritt gedrückt, Genosse...«

»Ich bin nicht Ihr...«

»... dein Genosse, heißt das. Dein! Wir Genossen haben immer du gesagt. Weißt du, mir geht's heute nicht gut«, wieder ein Stimmungs- und Stimmenwechsel. »Diese hinterfotzigen Schweine von der FR, verrissen haben die mich. Dabei habe ich gar nichts geschrieben. Nichts! Und die verreißen mich. Ein nationaler Dumpfschwätzer. Ich! So was schreiben diese Arschlöcher. Über mich, verstehst du.« Innehaltend, mich mißtrauisch visierend: »Da grinst du innerlich, was? Das freut natürlich so einen Ossi wie dich, gib's zu.«

»Ich bin kein Ossi«, sagte ich.

Er, verdrießlich, aber versöhnlerisch: »Ach, wir sind doch alle Ossis, mehr oder minder. Wir sind alle arme Schweine. Arme, deutsche Schweine.«

»Ich bin kein armes, deutsches Schwein«, sagte ich.

»Du bist kein armes Schwein, weil du nämlich Schwein hast. Du machst dein Geld damit, über die armen Schweine herzuziehen. Ein reiches Schwein, meinetwegen! Aber ein deutsches Schwein bist du trotzdem. Genau wie ich. Aber im Unterschied zu dir leugne ich meinen Stall nicht. Ich gehör' dazu. Ich möchte auch mal die nationalistische Sau rauslassen. Nimm dir ein Beispiel an unseren Eingeborenen hier. Die schlimmsten Nationalisten Europas. Ire sein und nicht Nationalist sein — das geht gar nicht. Deshalb sind wir doch hier, damit wir auch mal so richtig irisch sein können, ungehemmt nationalistisch. Wir Iren müssen zusammenhalten!«

»Ich bin kein Ire«, sagte ich.

»Stimmt, du nicht! Und warum bist du kein Ire? Weil du keinen Mut hast. Du traust dich nicht, deine Sau rauszulassen, deine nationalistische. Aber insgeheim willst du es doch. Weshalb bist du sonst in Irland? Genau deshalb. Weil du es in Deutschland nicht kannst. Sieh mal, wir Deutschen...«

Er hielt eine erwartungsvolle Sekunde inne: »Nanu, ich dachte, jetzt kommt: Ich bin kein Deutscher — aber Scheiße, du bist es, und du weißt es. Aber du bist einer von den ganz Verklemmten. Du weißt noch nicht einmal, warum du nach Irland gekommen bist. Weil dich diese Iren faszinieren. Die dürfen das, was du dir selber nicht erlaubst. Du wünschst dir doch eigentlich nichts sehnlicher, als selbst mal so richtig nationalistisch auf die Kacke zu hauen. Einmal laut brüllen: Ich bin stolz, ein Deutscher zu sein! Stolz! Glaub es mir: Im Grunde sind wir alle Skins.«

»Ich bin...«

»Noch nicht einmal dazu reicht es bei dir. Du traust dich nicht. Und noch schlimmer: Du traust dir nicht. Dir selbst traust du nicht. Deshalb hast du Angst. Denn wenn du erst mal die Sau rauslassen würdest, vielleicht kriegst du sie dann nicht wieder rein. Vielleicht wärst du der Super-Nazi. Martin Goebbels!« Seine Rechte huschte andeutungsweise zum Deutschen Gruß über die Tischplatte. Ein begnadeter Ironiker.

»Und deshalb, weil du das ahnst, hast du dich um alles Nationale herumgedrückt, sag ich dir. Aus lauter Schiß vor dir selber mußt du alles Nationale ablehnen. Und damit hast du diesen Skins das Feld überlassen. Die malen doch nur Hakenkreuze, weil sie dich damit erschrecken können — und vor wem schreckst du zurück? Vor dir! Du hast die Skins doch erst erschaffen. Die sind dein Spiegelbild. Seitenverkehrt.«

Ich kannte das: eine Lieblingsthese bei jedem seiner Getalke.

»Versteh doch, diese Skins sind unsere Kinder. Die leben das aus, was wir nicht ausleben konnten. Und wahrscheinlich auch nicht mehr können. Aber wer kann heute schon noch was ausleben. Wir sind ja bestenfalls zum Aussterben geeignet.« Er lauschte einen entzückten Augenblick lang seiner Pointe nach. »Wir sind Dinosaurier. Wir leiden an der Vergangenheit und haben keine Zukunft. Das ist unser Schicksal. Wir sind verflucht. Und wir selbst waren es, die sich verflucht haben. Wir haben uns selber zu Juden gemacht.«

Er blinzelte, offenbar leicht überrascht von seiner Erkenntnis. »Sieh mal«, sagte der deutsche Dichter, »wir Juden...«

»Ich bin kein Jude«, sagte ich.

»Verdammt! Genau das ist es doch, was ich immer sage.« Der Dichter schlug mit der Faust auf den Tisch. Dies war der Zeitpunkt, den er bei seinen Show-Einlagen so genau abpaßte. Sein Auge loderte jäh auf, als wolle es sich einbrennen in die Hornhaut einer verkrusteten Seele. »Das sind doch die schlimmsten Antisemiten, solche wie du! Ihr Juden, die ihr keine Juden sein wollt. Dieser ganze gequälte Tucholsky-

Scheiß, diese gequirlte Heine-Kacke, dieses grauenvolle Sich-nicht-wahrhaben-Wollen, dieser intellektuelle Exodus aus der eigenen Identität, dieser ewige neurotische Kampf gegen das eigentliche Ich, dieses Judas-an-sich-selber-Sein...«

Jetzt war er in Fahrt geraten, furios handwerkend mit gespreizten Fingern, die er bis dicht vor mein Gesicht ausgefahren hatte, die Handflächen nach oben gerichtet, zupackend ins Leere, im ergreifenden Versuch, mir die Uneinsichtigkeit aus dem Hirn zu reißen.

»Aber...«, sagte ich.

»Kein Aber!« donnerte er, »die Zeit der sinnlosen Ausflüchte muß jetzt endlich vorbei sein.«

»Aber«, sagte ich, »ich bin nun mal kein Jude.«

Jähe Stille trat ein, so plötzlich, wie die Wucht seines dichterischen Zorns ausgebrochen war.

Der Dichter vor mir, — erstarrt, unverwandt auf seine Handflächen starrend, noch immer in halb flehender, halb gebietender Pose, aus den Sphären die Wahrheit herunterbefehlend...

Bruchteile nur von Bruchteilen eines Moments — dann sanken die Hände schlaff auf den Tisch. Der Dichter war wieder der Alte, wieder der müde Weise, und seine Stimme klang fern und traurig, als hätte ich ihn durch ein bösartiges Leugnen des Offensichtlichen elendig gekränkt.

»Martin«, seufzte er, und seine Stimmbänder ächzten im Tonfall einer allerletzten Anstrengung. »Martin, das weiß ich doch, daß du eigentlich kein Jude bist. Ich bin doch auch kein Jude — im engen Sinne, wenn du verstehst, was ich sagen will.«

Er wartete mein Schweigen ab. Dann eindringlich: »Und doch sind wir Juden. Weil wir Deutsche sind. Deshalb! Wir haben uns selber zu Juden gemacht. Wir haben uns das Jüdischsein sozusagen einverleibt. Auschwitz! Ich sage nur: Auschwitz! Wir schleppen uns ab an dem ewigen Komplex unserer Opfer — der jüdische Selbsthaß, verstehst du jetzt, dieser Haß auf sich selbst, der ist als Fluch auf uns Mörder übertragen worden.«

»Ich bin kein Mörder«, sagte ich matt.

Ein tiefer Schnaufer: »Ach was! Du mußt dir eins merken: Der Deutsche ist immer der Mörder. Du bist Mörder und Opfer zugleich.«

»Ich bin kein Opfer«, sagte ich.

Der Dichter, fast flüsternd: »Bist du doch: dein eigenes Opfer. Du hast den jüdischen Fluch verinnerlicht.« Er beugte sich noch weiter über den schmalen Tisch: »Und es gibt nur einen Weg, wie du dich von diesem Fluch befreien kannst. Nur einen!«

Beschwörend jetzt: »Du mußt den Juden in dir akzeptieren, du mußt selbst der Jude sein, um wieder ohne Schuldgefühl ein richtiger Deutscher sein zu können. So kann dein Jude deinem Deutschen verzeihen. Und dein Deutscher kann deinem Juden verzeihen...«

Dramatische Pause; er wartete offenbar auf ein Widerwort, auf ein Wofür oder Warum. Ich schwieg.

Ziemlich enttäuscht plazierte er seine Pointe: »Der Deutsche muß es dem Juden verzeihen lernen, daß es ihn — den Juden, verstehst du? - daß es ihn überhaupt gegeben hat und noch immer gibt. Wir Deutschen müssen den Juden vergeben, daß sie uns nach Auschwitz gebracht haben. Ohne die Juden hätte es kein Auschwitz gegeben.«

Er nickte mehrfach heftig in sich hinein und kippte einen noch heftigeren Schluck

Guiness hinterher. »Aber das kapierst du nicht. Weil du eben ein Idiot bist.«

»Bin ich«, sagte ich. »Ich bin ein Idiot.«

Ich stand auf und ging. Vielleicht hätte ich ihm das Bier über den Kopf gießen sollen. Aber die Gläser waren ohnehin fast leer.

Und der Dichter hätte es zu sehr genossen.

Nach-Worte

Zuböserletzt sitzt
dem Autor auch noch
der deutsche Faust im Nacken

Habe nun, ach,
viel zuviel Vieh
studiert in irischer Monotonie,
und habe dabei eifrig wie nie
studiert auch das Nichts und — ja, auch sie,
die nationale Schizologie,
die patriotische Nekrophilie,
die erzteutonische Archologie
und leider auch kühn
Demopathologie -
studiert und studiert mit heißem Bemühn,
in deutscher Sucht nach deutschem Sinn...
...und kriege doch kein Ende hin.

Was soll ich tun?
Da sitz ich nun,
ich armer Brandenburger Tor,
und bin so närrisch und so klug
als wie zuvor.
Ich habe jetzt genug!

Das Volk als Thema und im Titel
zieh' ich Kapitel für Kapitel
herauf, herab und quer und krumm
das brav zahlende Publikum
an der hochwerten Nase herum.

Ich stecke im Dilemma tief.
Es naht die Zeit des Drucks, die Not ist groß:
Die Leser, die ich rief,
wie werde ich sie los?

Es muß ein Ende sein! Ein deutsches Muß!
Doch ach, woher soll ich es nehmen?
Gibt es kein Ende, gibts auch keinen Schluß.
Und erst zum guten Schluß
kassier ich die Tantiemen.

Sind sie mal allzugroß,
des deutschen Schreibers Nöte,
bleibt ein Geheimer Rat ihm bloß:
Schlag nach — und zwar bei Goethe.
So sitzt mir nun der Faust im Nacken.
Doch weiß ich es noch immer nicht zu packen.
Wo faß ich dich, unendliche Natur
des deutschen Wesens? Wo denn nur
find' ich die Spur,
um mich von diesem Wesen
zu erlösen?

Und um auch jene, die dies lesen,
die von Anfang an dabei gewesen,
endlich wieder zu entlassen
in den Schoß der deutschen Massen.

Ich hatte viel versprochen, aber
im nebulösen, deutschen Geistgewaber

bin ich nur blind umhergewankt
und habe Nichts und wieder Nichts erlangt.

Am Anfang war das Wort
auf dem Abort.
Auf einem deutschen Herrenklo
versuchte man der närrischen Verblendung
mich zu entreißen hin ins Irgendwo.
Mein Deutschsein war der Auftrag der
Entsendung.

Wir forschten zeitlos und in vielen Zeiten
an den absonderlichsten Örtlichkeiten,
an aller Herren Sitzgelegenheiten,
in allen Tiefen und in allen Breiten.
Wir jetteten durch Ewigkeiten
mal nahebei, dann wieder Jott-we-de,
mal im Walhall, dann wieder im WC,
mal hoch im Norden, mal unter den Pinien
und gewißlich unter allen Gürtellinien.
(Dort, wo der Kritiker die Nase kräuselt,
weil ihn sonst nur der reine Geist umsäuselt;
die Gürtellinie gilt ihm ganz profan
als des Geschmackes Meridian,
weshalb darunter es »geschmacklos« wird.
Sie wissen, daß der Kritikaster irrt.)

Wir stöberten in jeder Seelenkammer,
im »Uns'ren«-Unsinn auch von uns'rem Botho
und hörten anschwellend ein Bocksgejammer.
Wir spielten mit der Norne Schicksals-Toto.

Wir rochen an des Heideggers Geblähe.
Wir waren bei Narziß und schauten nachbarlich
(wir waren ohnehin grad in der Nähe)
auch kurz vorbei bei Gottfrieds heilem Ich.

In schwerer deutscher Schicksalslage
quälte ich mich und Sie im Hohn
mit der an mich gestellten Gretchenfrage:
Wie hältst du es mit der Nation?

Wann fängt das Deutschsein an?
Und wo? Und wie?
Was macht das Wesen aus?
Und wer hat es gemacht?
Welcher perverse Geist hat sich sowas wie Sie
und mich wohl ausgedacht?

Und: Wo find ich den Grund,
wo wir den Hund
begraben
haben,
auf den wir längst gekommen sind?

Und was wohl ist der Hint-
er-Grund
vom Hund,
des deutschen Pudels Kern?

Der tat sich dem Herrn
Faust ja auch nur ungern
kund.

Ach, Fragen über Fragen. Schwer betroffen.
Das Buch klappt zu. Die Fragen bleiben offen.

Zum Schluß erkennt man erst — zu spät zu-
meist:
Man war mal wieder bei dem falschen Geist.

Sie waren hier bei mir.
Das heißt: Sie waren beim Satyr.

Das ist der Geist, der stets verneint,
der lacht und weint,
der grinst und greint,
der Alles sagt und Nichts so meint,
der sich an keinen Sinn anleint,
der auch das Reine stets verschweint.

Ein deutscher Ungeist, wie es scheint.
Das ist kein Geist, der Deutsches eint.

So hebt er sich davon, der Tor,
raus aus dem alten nationalen Tran.
Denn damit hat mal wieder der Humor
in Deutschland seine Schuldigkeit getan.

Und selbst, wenn Deutschland wieder mal erwacht...
Bloß vorher nicht zu viel daran gedacht.
Sonst ist man ernsthaft um den Schlaf gebracht.
Na denn, liebwerte Leserin, geschätzter Leser!

Gute Nacht!

In Vorbereitung:

MARTIN BUCHHOLZ

Wer A sagt, muß auch DAM sagen

oder:

Diese komische Geschichte von dem Mann und von der Frau

HARRIET EDER VERLAG BERLIN

Wie kam der Mensch auf die Welt - und die Welt auf den Menschen? Oder wie kam die Frau zu dem Mann? Oder auch: Wie kam der Mann auf die Frau - und die Frau unter den Mann?

Dies ist die Geschichte einer Vor-Herrschaft. Eine Vor-Geschichte der uns beherrschenden, weil in uns herrschenden Ideen.

Es geht um Gott und die Welt. Es geht um Ideologien. Um Igittologien. Um Ogottologien.

Es geht um komische Figuren. Es geht um Sie. Es geht um mich. Um Ihre Geschichte. Um meine Geschichte.